国学概论讲话

悦读季·大家小书院

谭正璧 著

CHISO 新疆青少年出版社

图书在版编目（CIP）数据

国学概论讲话 / 谭正璧著. –– 乌鲁木齐 : 新疆青少年出版社, 2024.2

（悦读季大家小书院）

ISBN 978-7-5515-6574-5

Ⅰ.①国… Ⅱ.①谭… Ⅲ.①国学 – 概论 Ⅳ.①Z126

中国国家版本馆CIP数据核字（2024）第046047号

悦读季大家小书院

国学概论讲话
GUOXUE GAILUN JIANGHUA

谭正璧　著

出版发行	新疆青少年出版社有限公司
社　　址	乌鲁木齐市北京北路29号
电　　话	0991—6239231（编辑部）
经　　销	各地新华书店
印　　刷	三河市金泰源印务有限公司
法律顾问	王冠华 18699089007
开　　本	850mm×1168mm　1/32
印　　张	6
版　　次	2024年2月第1版
印　　次	2024年5月第1次印刷
书　　号	ISBN 978-7-5515-6574-5
定　　价	45.00元

新疆青少年出版社有限公司官网　http://www.qingshao.net

新疆青少年出版社有限公司天猫旗舰店　http://xjqss.tmall.com

CHISO SINCE 1956 新疆青少年出版社

目录

第一讲 导 言

第二讲 经 学

第三讲　子　学

第五讲　文　学

第一讲

导言

第一章　国学的目的

如果因为西洋人研究中国国学的很多，我们对于自己的国学不可不研究，所以也来研究国学，这种态度是很危险的。因为他们根本上没有明白国学是什么，也没想到要去研究国学的原因，只不过是因循的盲从，胡乱的提倡。结果，不是所得的肤浅不足道，便是愈研究愈失其真。所以我们不研究国学则已，否则非彻底了解研究国学的主因，便不能得到良好的收获。

我们要研究国学的主因，曹聚仁以为可以分作四层来讲明：国学在中国有数千年的历史。我们过去的知识，和它发生密切的因果联系。因此我们急要明白，国学的精华何在？它以后还有存在的价值没有？如果国学是腐败的骸骨，不该容它存留着，我们可赶快荡除净尽。如其中尚包藏着精金，也应从速发掘。决不可彷徨歧路，靡所适从。取舍问题亟待解决，非研究国学，别无解决的途径。这是第一层原因。

在我们以前，没有人曾把国学整理一下，到现在，正如那些崇拜"洋"字的人所说，还仿佛一大堆乱书，政治、哲学、伦理、宗教以及其他各种科学都包含着。我们既要明白其中究竟是怎样的，非坐待可以得到，如今用精力把它系统地整理起来，或者能够观察明白，使后人也得着好处。所以要谋学术的共同便利，也非将国学研究一下不可。这是第二层的理由。

现代大部分的青年都感受着无限的苦痛。因为他们心里要想接受适合人生真义的"新"，但社会上"旧"的势力依旧膨胀到极点，稍一反抗，灵肉两方面都得着痛苦。那旧的也不过借国学做护符（军阀和老顽固，都用孔老夫子来撑门面），国学经过他们手里，已变成糟粕的形式、呆板的教条了。我们如不把国学的真面目抬出，他们决不敛形息声的。要找出国学的真面目，自然须下一番研究功夫。这是第三层缘由。

我们对于西方文化学术，固当合理地迎纳，但自己背后还有国学站着。这两种文化，究竟如何使它们沟通，也是目前亟要解决的问题。我们对于国学所含的原子不明白分析出来，如何能叫它和别种化合？所以要先研究国学，才找得出沟通的方法。这是第四层原因。

我们明白了上述的四个原因，便知我们在现在研究国学，非但不是不急之务，反为急迫的需要。而且，抱了这样的态度研究国学，那便绝不是因循地盲从，而也绝不会胡乱地提倡了。

【问题】

（1）抱哪种态度去研究国学是错误的？

（2）研究国学有哪几种目的？

（3）研究国学是否为不急之务？

编者注：本书创作于1926—1928年。是作者基于当时的社会背景，为初窥国学门径的青年读者，搜辑而成。

第二章　国学的分类

中国的历史是这样的久长，中国的地域是这样的广袤，所以关于国学的书籍虽称"浩如烟海"，但从没有人嫌其过多。经过了前人许多次的分门别类，直到今日，经、史、子、集的四分制，还在广多地应用。这种分类法，在现代目录学家看来，自然是毫无意义。但一般研究国学的人，却还以为没有打破的必要，因为有它的历史的意义和价值存在。

中国书籍的分类，起源于六经。六经是六种性质不同的书籍。汉代刘歆校理秘书，分群书为"六略"，而冠以"辑略"，所以叫作《七略》。"六略"就是：六艺略、诸子略、诗赋略、兵书略、数术略及方技略。其中所谓六艺，就是后来的经部；诗赋，就是后来的集部；诸子、兵书、数术及方技，便是后来的子部。至于后来属于史部的书，像《世本》《战国策》《楚汉春秋》《太史公书》《汉著记》等，他却列入春秋类；《古封禅群祀》《封禅议对》《汉封禅群祀》等，却列入礼类；《高祖传》《孝文传》等，却列入儒家类。稍后，班固作《汉书·艺文志》，便完全依据《七略》，不过删去了"辑略"

罢了。

到了魏晋，荀勖作《中经簿》，始分为甲、乙、丙、丁四部。他以六艺、小学为甲部，诸子、兵书、数术为乙部，史记及其他记载为丙部，诗、赋、图、赞为丁部。晋李充为著作郎，重分四部，以五经为甲部，史记为乙部，诸子为丙部，词赋为丁部，经、史、子、集的次序才确定。南朝王俭复作《七志》，分为经典史记、诸子、文翰、军书、技术、佛及道七类。梁阮孝绪作《七录》，把《七志》的经典史记分为二，诸子、兵书合为一，重分为经典、纪传、子兵、文集、技术、佛及道七类。但隋、唐以后，诸史的经籍志或艺文志以及私家著录的书目，大都采用李充的分类。至于正式采用经、史、子、集的部目，而每部更分细类，却始于《隋书·经籍志》。它把经部分为十类，为易、书、诗、礼、乐、春秋、孝经、论语、图纬及小学。史部分为十三类，为正史、古史、杂史、霸史、起居注、旧事、职官、仪注、刑法、杂传、地理、谱系及簿录。子部分为十四类，为儒家、道家、法家、名家、墨家、纵横家、杂家、农家、小说家、兵法、天文、历数、五行及医方。集部分为三类，为楚辞、别集及总集。此外道家的经、戒、符、箓，佛教的经、律、论、疏，都著为附录。自后诸史艺文或经籍志，一直到《四库全书总目》，都沿用他的分法，虽然子部的范围时有增损，然大体没有很多的改变。

自古迄今，中国究竟有多少书籍？这也是个不能回答而又不能不问的问题。历来因《四库全书》的结集期较近，且所收较多，往往用它来代表中国所有一切的书籍的总量。其实，古书为《四库全书》所不收或失收的，不知尚有多少；即在《四库全书》结集后新著的，亦不知究竟有多少。到现在为止，如把它统计起来，其数目一定很可以惊人的。现在姑就《四库全书》所收，按类叙述它的部数及卷数，末了再叙的总部数及总卷数，以见中国书籍数量的一斑。

　　《四库全书》分经部为易、书、诗、礼、春秋、孝经、五经总义、四书、乐及小学10类，凡著录806部，9918卷。存目1604部，10111卷。内无卷数116部。附录24部，290卷。共计2010部，29319卷。分史部为正史、编年、纪事本末、别史、杂史、诏令奏议、传记、史钞、载记、时令、地理、职官、政书、目录及史评15类，凡著录557部，21879卷。存目1485部，16024卷。内无卷数70部。附录2部，9卷。共计2114部，37912卷。分子部为儒、兵、法、农、医、天文算法、术数、艺术、谱录、杂、类书、小说、释及道14类，凡著录926部，17792卷。存目1937部，41060卷。内无卷数95部。附录3部，34卷。共计2960部，58887卷。分集部为楚辞、别集、总集、诗文评及词曲5类，凡1277部，29849卷。存目2125部，24391卷。内无卷数99部。共计3501部，54240卷。经、史、子、集合计，凡

10585 部，171558 卷。

本书的分类，虽采用通行的四分法，而次序则依荀勖所定，以"史"次于"子"后，"集"部则改称"文学"，其中经、子、史三部的分类仍沿旧目；文学则完全改用新目。这种新旧兼用的方法，本来不甚妥当。但文学如用旧法分目，那么不但毫无意义，而且也无从叙述。为便宜计，也只好贻人口舌了。

【问题】

（1）中国书籍最通行的分类法是哪一种？

（2）"四分法"为什么还没有打破的必要？

（3）中国书籍的分类起源于何书？

（4）刘歆《七略》和四部的分类有何不同？

（5）"四部分目"始于何人？

（6）经史子集的次序定于何人？

（7）王俭《七志》分为哪七类？

（8）阮孝绪《七录》分为哪七类？

（9）《隋书·经籍志》的分类怎样？

（10）《四库全书》分为哪几类？所收书籍有多少？

（11）本书的分类法怎样？

第三章　国学的方法

　　我们研究任何一种学问，如无适当的方法，不但往往事倍功半，有时竟至全盘都错。研究国学也是如此。在大学文科国学系的课程表上，有"古书校读法"那么一种科目，就是为了应付这种需要。不过那是属于专门的学科，我们只要略知大意已经够了。

　　研究国学的方法，不外四端：一为辨真伪，二为知重轻，三为明地理，四为通人情。

　　为什么要辨别真伪呢？因为中国历史年代的悠长，古代传下来的书籍，其中多杂伪作。如真伪不分，容易使我们走入歧途。四部之中，集部的伪作较少；其余经、子、史三部，都包含着很多的伪书，而以子部中尤多。经部如梅赜所献的《尚书》二十五篇，即系梅赜自作；称为子贡作的《诗传》，出自明人丰坊之手。注释经典的书也有后人伪托的，如孔安国《尚书传》、郑氏《孝经注》《孟子注》、孙奭《孟子疏》之类，都是晋代的产品。子部如《庄子》《韩非子》《管子》，大半经过后人窜改；伪作的著名者，有《吴子》《文子》《列子》

《关尹子》《孔丛子》等。此外尚多，不胜枚举。以史部论，如《越绝书》为汉人袁康所作，托名子贡；《史记》中杂有褚少孙文字；《竹书纪年》为晋人所作，更为我们所必须知道。至于辨别的方法，全在斟酌文字人情的变更，名物制度的迁移，那才不至于以伪作真，上前人的大当。

为什么要知道轻重呢？因为国学浩如烟海，如果我们不分轻重，琐碎必讨，像汉学家解《尚书》中的五个字，至于二三万言；解释《毛诗》中的物类，必欲分明雌雄年岁；那么不但"玩物丧志"，而且毫无应用。我们"生也有涯，而知也无涯"，所以我们必须提纲挈领，分别缓急。凡是探赜索隐的工作，让专家去做；我们只要研究它的重且大者。

为什么要明白地理呢？因为凡一种学术思想的产生，必有地理上的关系。如中国上古文明起于北部，所以典章文物，都盛于北方；中古以后，文化南渐，于是南方的风气亦渐改变。如井田制度，利于平原而不便于薮泽之区，故水乡的人不会崇扬；鱼盐之利，盛于斥卤而不宜于膏腴的地方，所以仅有管仲在他的书中提倡。北方政治具备，故有孔、孟倡礼、乐、仁、义之教；南方民智鄙塞，故有老、庄主清静无为之说。至如北魏郦道元注《水经》，于南方的水道多错误；南宋郑樵作《通志》，于北方的制度多失真。因地理的阻隔，他们的成绩就分了优劣。所以我们要研求国学，第一宜熟知地理；正像司马迁作《史记》，必先遍游名山大川，然后叙事无舛，而文笔也加倍的生动呢！

为什么要通达人情呢？因为社会更迭地变换，物质生活继续进步，那人情风俗也随着变迁。如若不明此理，就要产生种种谬误的观念。如上古国土分立，故君权不张。后来周代封建制度完成，秦代改设郡县制度，故至两汉以后，君权日益高涨。尧、舜禅让，本出于自然，如见于后代，则不能不称为圣德。因始皇为统一专制的第一人，便号为暴主，其实后来的人君，尽多像他一样的。三代时侯伯的地位很尊贵，但在汉、隋时则称为割据。纵横游说，不适于统一的局面，所以西汉时的诗赋称盛。像这种种，如不通达人情，而以此例彼，那么必误认为矛盾而受人笑话。

我们如真能应用这四种方法，那么它的结果，不特事半功倍，且必不至于有重大的差误。否则"失之毫厘，谬以千里"，自误误人，研究反逊于不研究了。

【问题】

（1）研究的方法为什么重要？

（2）研究国学的方法有哪几种？

（3）为什么要"辨真伪"？

（4）为什么要"知重轻"？

（5）为什么要"明地理"？

（6）为什么要"通人情"？

第二讲

经学

第一章　总　论

一、经的定义

我们要研究经学，必须先要明白：什么叫作经？经是些什么？什么叫作经学？

就"经"字的本义来讲，《说文解字》以为"经，织纵丝也"。因为织物的纵丝是有一定的次序而不能紊乱的，所以后来辗转假借而为"法"字和"常"字的意义。"经"既可作"法"字、"常"字解，于是那些可为我们日常言行的法则的古书，都被蒙上一个"经"的名字了。但这不过是一般的解释。

据经学专门家的意见：今文学派以为经是孔子著作的专名，在孔子前或孔子后的著作均不得称经，所以只有《诗》《书》《礼》《乐》《易》《春秋》可称为"经"。古文学派以为经是一切书籍的通称，不是孔子的"六经"所能专有；因为经是订书的线，所以凡是线装书都可称经。这两种说法，古文派过于广泛，今文派过于狭窄，也都未足为定论。

实在，因历史的转变，"经"字的意义也在随着时代而演化。比较最时代、最适当的说法，现代人所称的经的范围，已由孔子删定的"六经"，扩张到以孔子为中心的其他书籍，如《孟子》《尔雅》等，与上列诸家之说，都已不尽相合了。

【问题】

（1）"经"字的本义怎样？

（2）何谓"经"？

（3）"经"的范围怎样？

二、经目的演化

经的名称，始见于《国语》。但孔子的著作六种被称为经，却始于《庄子·天运篇》。在《礼记》中则仅称"四术"；扬雄、班固又仅称"五经"。东汉以后，"经"的领域续渐扩张，于是又有"七经""九经""十经""十一经""十二经""十三经""十四经"及"二十一经"等等的称号。

四经。即"四术"，为《诗》《书》《礼》《乐》。

五经。因六经中佚去《乐经》，故称五经。《白虎通》则以《易》《书》《诗》《礼》《乐》为五经。

六经。《庄子》称《诗》《书》《礼》《乐》《易》《春秋》为六经；《史记》和《汉书》则称六经为六艺。盖举其学叫艺，奉其书叫经。

七经。西汉于六经外加《论语》称七经；东汉则加《孝经》而去《乐经》。晋傅咸以《易》《诗》《书》《周官》《左传》《论语》《孝经》为七经。宋刘敞以《尚书》《毛诗》、"三礼"、《公羊传》《论语》为七经。清圣祖《御纂七经》则指《易》《书》《诗》《春秋》、"三礼"等七种。

九经。唐时所立学官，以《易》《诗》《书》、"三礼""春秋三传"为九经。《经典释文》则以《易》《诗》《书》、"三礼"、《春秋》《论语》《孝经》为九经。

十经。《南史》以"五经""五纬"为十经。《宋书》则以为"《周易》《尚书》《毛诗》《礼记》《周官》《仪礼》《春秋左氏传》《公羊传》《谷梁传》各为一经，《论语》《孝经》为一经"，所以谓之十经。

十一经。宋儒于十三经中除去《论语》《孟子》，便为十一经。因为他们已将《论语》《孟子》列入"四书"之故。

十二经。名始见于《庄子·天道篇》。《经典释文》以为有三义：一以"六经"加"六纬"为十二经；二以《易》上、下经并加孔子《十翼》为十二经；三以《春秋》分十二公为十二经。至唐太和中所刻十二经，则为《易》《诗》《书》、"三礼""三传"、《论语》《孝经》及《尔雅》。

十三经。宋于唐之九经——《易》《诗》《书》、"三礼""三传"外，增《论语》《孝经》《孟子》《尔雅》，称为十三经。现代所用广义的经目，仍多以此为准。

十四经。宋尝并《大戴礼记》于十三经之末，称为十四经。

二十一经。清段玉裁主张于十三经外，应加《大戴礼记》《国语》《史记》《汉书》《资治通鉴》《说文解字》《周髀算经》《九章算术》八书，为二十一经。

总之，经目的范围虽各不同，然依普通的惯例，多以十三经为限。因为十四经的名称不普遍，而二十一经也不过是清代朴学家个人的主张。本书循名核实，将《尔雅》列入小学，附入末一节;《孟子》列入子学儒家;而另增《大学》与《中庸》。经学要籍，已具备于此了。

【问题】

（1）"经"名始见于何书？

（2）孔子著作称经始于何书？

（3）何谓五经？

（4）何谓四术？

（5）六经和六艺有何分别？

（6）何谓九经？

（7）何谓十三经？

（8）何谓四书？

三、经学的派别

因为历来研究家对于经典本身产生许多不同的见解，于是就产生了所谓经学。所以我们要明白经学是什么，不能不去分析这些研究家的派别。经学家的派别，据多数学者的意见，可以归纳为西汉今文学、东汉古文学及宋学三派。

诸经遭秦火之厄，多数被毁。汉惠帝除挟书的禁令，书始陆续出世。但诸经本用古篆所写，古篆在汉代已不通行，为便于诵习起见，乃改为当时通行的隶书。于是始有所谓今文。其后山岩屋壁，复次第发现旧籍。此种书仍用古篆书写，以其对今文而言，遂有所谓古文。所以所谓今文与古文，本指书写文字之不同。后因经学家各有所宗，门户之见甚深，于是才发生了所谓今古文学派。

西汉今文学派产生于汉初，就是所谓"今文十四博士"之学。在当时因帝王之利用的提倡，所以在学术界几有独尊之势。后来因古文学的暴兴，与郑玄、王肃的混乱家法，遂至逐渐衰落。延至魏、晋，因政乱及胡祸的连绵不息，连仅存的章句传说也多灭亡于兵燹。到了清代中末叶，因社会、政治、学术各方面趋势的汇合，于是这久无声息的今文学忽然复兴起来，居然在学术界有盛莫能当的现象。当时所谓常州学派、公羊学派，就是这西汉博士派的裔孙。它的余波回响，直到现在还在学术界里存在，并且正在向着新的途径发展。

东汉古文学派实产生于西汉末年。到了东汉，因为今文学派自身的腐化，及古文学大师的努力，遂有取今文学而代之之势。郑玄、王肃虽称混乱家法，但究竟左袒古文学。所以今文学亡于魏、晋，而古文学反日见发扬开展。后来六朝的南北学，隋、唐的义疏派，虽虚实繁简不必尽同，而其立场与古文学则无二致。一直到宋学兴起，于是古文学始暂废歇。但元、明之末，因姚江学派之流于虚妄，及清朝思想压迫政策之实现，于是顾亭林扛了"舍经学无理学"的大旗来复兴古文学，于是成了清代三百年学术界的权威。以惠栋为领袖的吴派，与以戴震为领袖的皖派，都和东汉古文学派有血统的关系，但现在硕果仅存的，亦只有章炳麟了。

宋学被称为经学上的怀疑派，唐时啖助、赵匡、陆淳辈已开其端。但这种怀疑风气之盛行，却在北宋庆历之后。到了南宋，因研究方法的不同，分为三大派：一为归纳派，以程颐、朱熹为领袖，旧称朱学；一为演绎派，以陆九渊、杨简为领袖，旧称陆学；一为批评派，以叶适、陈傅良为领袖，旧称浙学（宋学派又有关、闽、濂、洛之分，专以地域为主，无甚意义，故不取）。他们都立足于哲学的见解，以理欲心性为论究的对象，而借助于经学的解释。元、明以来，朱学因朝廷的提倡，取得正统的地位。陆学则得王守仁的加入，而被具有天才的学者所信仰。但这二派都借经学言理学，结果均空疏无一物。于是元、明二代转成为经学衰落时期，而东汉古文学遂得乘间以起。

这三派的不同点：今文学派以孔子为政治家，以六经为政治学说，所以偏重于微言大义，其特色为功利的，其流弊为狂妄。古文学派以孔子为史学家，以六经为孔子整理古代史料之书，所以偏重于名物训诂，其特色为考证的，而其流弊为烦琐。宋学派以孔子为哲学家，以六经为孔子载道之具，所以偏重于心性理气，其特色为玄想的，而其流弊为空虚。

【问题】

（1）经学的派别是怎样产生的？

（2）经学可分为哪几派？

（3）今古文学派有什么不同？

（4）今文学派产生于何时？它的沿革若何？

（5）古文学派创始于何时？它的历史怎样？

（6）宋学派可分为哪几派？它们的主张若何？

（7）今文、古文、宋学三派的特色和缺点何在？

第二章　各　论

一、《易经》

《易》有三种：夏代的《易》名《连山》，以艮卦为首；商代的《易》名《归藏》，以坤卦为首；周代的《易》名《周易》，以乾卦为首。总名为三易。《连山》《归藏》久已失传，今所存者为《周易》。

《周易》的"易"字含有三种意义：一为"简易"，二为"变易"，三为"不易"。"周"字亦有二种解说：一因重卦、系辞、作《十翼》者都为周人；一因其道"周普"，无所不备。或以《周易》的"周"，为别于"夏易""商易"而言，那是误会的话。

伏羲取则于鸟兽文章、《河图》《洛书》以造八卦，为☰（乾）、☷（坤）、☳（震）、☴（巽）、☵（坎）、☲（离）、☶（艮）、☱（兑），本有图而无字。后人取二卦相重，成六十四卦。此重卦者为谁？王弼以为即伏羲自己；郑玄以为神农；孙盛以为夏禹；司马迁以为周文王。通常多从首末二说。

《易经》内容，可分为经、传二部。经的部分，又可分为二种：一为《卦辞》，一为《爻辞》。《卦辞》定全卦的意义；《爻辞》解释每一爻的意义。它的作者为谁？历来也不一其说。郑玄等以为都是文王所作；马融等则主《卦辞》为文王所作，《爻辞》为周公所作；皮锡瑞却以为都是孔子所作。通常多从第二说。

《易传》共有十篇，为《彖辞》上，《彖辞》下，《象辞》上，《象辞》下，《系辞》上，《系辞》下，《文言》，《说卦》，《序卦》，《杂卦》，实只可分为七种。《彖辞》所以解释《卦辞》。《象辞》又分为《大象》《小象》：《大象》所以解释全卦所从的象；《小象》所以解释每爻所从的象，亦即解释《爻辞》。《系辞》所以补充《彖辞》《象辞》等的不足。《文言》是"文饰"之意，专解乾、坤二卦。《说卦》偏于说象，在陈说八卦的德业、变化及"法象之所为"。《序卦》说明六十四卦相承相生的次序。《杂卦》系杂举各卦的卦义，拿同的互相比类，拿不同的互相发明。这十篇相传称为《十翼》，为孔子所作。古文学派相信"十翼说"；今文学派则反对之。宋学派以为《系辞》《文言》以下，都非孔子所作。

易学可以分为汉学及宋学二派。汉学在汉时又有今文、古文之分。今文学有四家，在西汉时都立于学官，为施氏、孟氏、梁丘氏、京氏。东汉虞氏世传孟氏易，五传至虞翻，作书很多。古文学仅有费氏一家，西汉未立于学官，所以它的来源不可考。东汉时，陈元、郑众、马融、郑玄、荀爽等都习费氏易，为作传、注。魏王弼以老、庄解《易》，亦用费氏本。古文学乃大盛。宋学大别为图书、义理二派。图书派附会古代所谓《河图》《洛书》，起源于道士陈抟，撰《易龙图》一书。抟学又分为二支：一支由穆修五传至邵伯温，撰《易学辨惑》；一支由种放四传至刘牧，撰《易数钩隐图》。后来邵易盛行，刘易渐衰。历宋、元、明三代，这道士式的易学竟成为易学正统。义理派始于胡瑗，瑗作《易传》，专究性命道德之理。继起者有程颐及郭忠孝、项安世、杨万里、许衡等。到了清代，汉学复兴，不仅图书派无立足余地，义理派亦逐渐衰落。清代著名的易学家，最先有惠栋，继之者为张惠言；而焦循更异军特起，所有撰著，自成一家学说。

【问题】

（1）"易"有几种？

（2）"周易"二字做何解释？

（3）画八卦的是谁？

（4）重卦的是谁？

（5）《易经》的内容可分哪几个部分？

（6）《卦辞》何人所作？

（7）《爻辞》何人所作？

（8）《易传》共分哪几篇？作者为谁？

（9）易学的派别如何？

二、《书经》

《书经》本名《尚书》。为什么叫《尚书》？自来有三种说法：一为孔安国说，"以其上古之书，谓之《尚书》"；一为王肃说，"上所言，史所书，故曰《尚书》"；一为郑玄说，"尚者，上也。尊而重之，若天书然，故曰《尚书》"。"尚"字本含有尊重之意，故三说之中，当以郑玄说最为精审。

《尚书》在诸经中为问题最多的一书，它不但有今文、古文之分，又有真书、伪书之别。今文《尚书》凡二十九篇（其中《盘庚》《泰誓》各分上、中、下三篇，《顾命》另分出《康王之诰》一篇，故亦可称为三十四篇），传自汉初伏生，西汉时立于学官，《古文尚书》亦称《逸书》，相传凡十六篇（其中《九共》分为九篇，故亦可称为二十四篇），据古文学家说，是汉武帝末鲁恭王坏孔子宅壁而得。孔安国拟献之朝廷，因巫蛊事发而罢。今原书已佚，仅存目录。伪古文《尚书》凡二十五篇，又有伪孔安国《尚书传》，均为东晋时豫章内史梅赜（或作梅颐）所献，曾立于学官。今本《尚书注疏》，就是以伪古文《尚书》二十五篇，加真今文《尚书》三十三篇（本三十四篇，去《泰誓》三篇，分《尧典》下半为《舜典》，分《皋陶谟》下半为《益稷》，故为三十三篇），共五十八篇，及伪孔安国《尚书传》为底本。

《尚书》和《诗经》一样，《诗经》有《诗序》，《尚书》亦有所谓《书序》。《书序》的作者，或以为孔子，或以为非是，聚讼纷纭，难以确定。

伪孔安国传分《尚书》为六体，即典、谟、训、诰、誓、命。孔颖达《疏》分为十例：一曰典，如《尧典》《舜典》；二曰谟，如《大禹谟》《皋陶谟》；三曰贡，如《禹贡》；四曰歌，如《五子之歌》；五曰誓，如《甘誓》、《泰誓》三篇、《汤誓》《牧誓》《费誓》《秦誓》；六曰诰，如《仲虺之诰》《汤诰》《大诰》《康诰》《酒诰》《召诰》《洛诰》《康王之诰》；七曰训，如《伊训》；八曰命，如《说命》三篇、《微子之命》《蔡仲之命》《顾命》《毕命》《冏命》《文侯之命》；九曰征，如《胤征》；十曰范，如《洪范》。此外尚有许多篇，其名不符于以上十例的，都可以细详内容，按例附入。

《尚书》学派，大致可别为四：一为古文学；一为今文学；一为伪古文学；一为宋学。今文学传自伏生，后分三家，为欧阳氏、大夏侯氏、小夏侯氏。西汉时，都立于学官。晋永嘉之乱，三家《尚书》都亡佚。至清代辑佚学兴，今文学说始大略可考。古文学仅有孔安国一家。西汉末，刘歆崇奉古文，与今文博士争立学官。东汉时，古文学家尤多，著名者有贾逵、孔僖、周防、张楷等。马融、郑玄等虽间或杂糅今古文，但仍偏袒古文学。自东汉末至北朝，治《尚书》者都以郑注为宗，故仍不出古文学范围。及唐孔颖达作《尚书正义》，承认伪古文《尚书》及伪孔传，郑学乃亡。清代汉学复兴，以马、郑注为依归，于是古文学又大略可见。伪古文学所奉者为伪古文《尚书》及伪孔传。其作者为谁，或以为王肃，或以为皇甫谧，或以为即献书的人梅赜。晋代君臣信伪为真，遂立于学官。南朝郑、孔并立，伪书与伪传均未独占势力。及唐孔颖达作《正义》，以伪孔为宗，于是伪书与伪传遂成为标准经典。但经宋吴棫、朱熹，明梅鷟，清阎若璩、惠栋等相继攻击，它的"伪"号就此确定。至于宋学家治《尚书》，无家数可举。仅朱熹门人蔡沈作《书集传》，祖述朱义，在元、明二代，群奉为《尚书》注正则。现在通行之五经注本，即为此集传本。

【问题】

（1）何谓"尚书"？

（2）《尚书》有哪几种？它的来源怎样？

（3）《书序》何人所作？

（4）何谓"六体"？何人所分？

（5）何谓"十例"？何人所分？

（6）尚书学可分哪几派？各派的历史怎样？

三、《诗经》

《诗经》在未尊为"经"之时，本名《诗三百篇》，亦单称为《诗》。"诗"字有三种意义：一为"承"，二为"志"，三为"持"。班固以为"诵其言谓之诗；咏其声谓之歌"。诗是怎样产生的呢？据《诗序》说："诗者，志之所之也。在心为志，发言为诗。情动于中，而形于言；言之不足，故嗟叹之；嗟叹之不足，故咏歌之；咏歌之不足，不知手之舞之，足之蹈之也。"

古有采诗之官，王者赖以知风俗得失。周天子则五年一巡守，命大师陈诗以观民风。相传诗原有三千余篇，经孔子删去重复，纠正纷乱，取其可施于礼义教化的，计自《周南》起，至《商颂》止，凡存三百零五篇。或以为古诗在孔子前已经采诗官编存三百篇，至孔子则仅加以整理修订罢了。

《诗经》分为《风》《雅》《颂》三大类。《风》又分为十五国风，为《周南》《召南》《邶风》《鄘风》《卫风》《王风》《郑风》《齐风》《魏风》《唐风》《秦风》《陈风》《郐风》《曹风》《豳风》，计共一百六十篇；《雅》又分为《大雅》《小雅》，计共一百零五篇；《颂》又分为《周颂》《鲁颂》《商颂》，计共四十篇；合共三百零五篇。《毛诗》则加《南陔》《白华》《华黍》《由庚》《崇丘》《由仪》六篇，为三百十一篇。但这加上的六篇，仅有篇名而无文辞，实不应计算在内。

凡研究《诗经》的人，都不可不知"六义"与"四始"。"六义"为"风""赋""比""兴""雅""颂"。
"风""雅""颂"为诗的体裁，"赋""比""兴"为作诗方法。
"风""雅""颂"的区别，历来经学家不一其辞，比较重要的
约有三说：一、以为由于诗篇内容的不同，"风"是关于个人
的，"雅"是关于王政的，"颂"是关于神明的，可以《诗大
序》为代表。二、以为由于作者身份的不同，"风"出于普通
平民，"雅"出于朝廷士大夫，可以郑樵为代表。三、以为由
于诗篇声调的不同，如"大雅""小雅"，非关王政之大小，
在于音乐有别，可以惠周惕为代表。"赋""比""兴"的方法
有何不同呢？朱熹以为："赋"是"敷陈其事而直言之"；"比"
是"以彼物比此物"；"兴"是"先言他物，以引起所咏之辞"。

至于"四始"之说，尤为纷歧。最古的为《诗序》所说：
"所谓'四始'者：《关雎》之乱，以为《风》始；《鹿鸣》为
《小雅》始；《文王》为《大雅》始；《清庙》为《颂》始。"又
据王安石说：《风》也，'二雅'也，《颂》也，虽相因而成，
而其序不相袭，故谓之'四始'。"孔颖达以为《风》、'二
雅'、《颂》四者，人君行之则为兴，废之则为衰，乃兴衰之
始，故叫作'四始'"。程大昌以为"孔子只言《雅》《颂》
《周南》《召南》，而未尝言及《国风》，故以《雅》《颂》、'二
南'为'四始'"。顾亭林以为"'二南'非《风》，故以《南》
《风》《雅》《颂》为'四始'"。"四始"亦称"四诗"。"四诗"
的区别：《南》为曲终的合乐；《风》为仅可讽诵的徒歌；《雅》

为朝廷所用的乐曲;《颂》为祭祀神明的舞歌。

现存的诗经为《毛诗》,有所谓《大序》和《小序》,列在各诗之前,说明诗中大意的,为《小序》;连在首篇《关雎》的《小序》之后,概论全书的为《大序》。《诗序》的作者为谁? 到现在还没有定论。在异说纷歧中,较古而较有势力的凡五说:一、郑玄以为《大序》子夏作,《小序》子夏、毛公合作;二、王肃以为《诗序》全为子夏所作;三、范晔以为卫宏作;四、王安石以为诗人所自制;五、程颢以为《小序》是国史旧文,《大序》是孔子所作。

诗经学可分为三派,即西汉今文学、东汉古文学及宋学。今文学又分鲁、齐、韩三家,西汉时都立于学官。《鲁诗》溯源于荀卿,创始于鲁人申培,亡佚于西晋;《齐诗》创始于齐人辕固生,亡佚于魏代;《韩诗》创始于燕人韩婴,亡佚于南宋以后,今仅存《外传》。清代辑佚学及今文学兴起,于是今文诗学又成为学者讨究的对象。古文学仅有毛氏一家,相传创始于毛公。毛公自谓传自子夏,其著作有《毛诗故训传》。东汉著名学者,如郑众、贾逵、马融、郑玄,都治《毛诗》。郑玄为《毛诗》作笺,杂采今文三家诗说,盛行一时。及唐孔颖达作《毛诗正义》,引申毛、郑二家的经说,就成为当时"诗经学"的权威。清代陈奂作《毛诗传疏》,去郑用毛,始恢复《诗》古文学本来面目。宋学则无家数可举。北宋欧阳修专诘毛、郑,苏辙攻击《毛诗》,南宋郑樵直斥《诗序》为村野妄人所作。此三人各有专作。朱熹受郑樵影响，作《诗集传》及《诗序辨说》。《集传》不只弃《序》不用，而且杂采毛、郑，间录三家，以己意为取舍。又以为《诗》三百零五篇中，男女淫佚之诗凡二十四，一反从来"思无邪"的传统的经说。元、明学者都以之为依归，且一直风行到现代。

【问题】

（1）《诗经》本做何名？

（2）"诗"字做何解释？

（3）诗是怎样起源的？

（4）古代何故设采诗之官？

（5）孔子删诗的标准怎样？

（6）《诗经》的内容怎样？

（7）何谓六义？

（8）何谓四始？

（9）四诗和四始是一是二？

（10）四诗的分别怎样？

（11）《诗序》为何人所作？

（12）诗经学的派别怎样？

四、"三礼"

"三礼"为《周礼》《仪礼》《礼记》。"礼"字的解释，以郑玄为最精。他说:"'礼'者,体也,履也;统之于心曰'体',践而行之曰'履'。"

《周礼》本名《周官》,亦称《周官经》,后称《周官礼》,又尊为《礼经》。《周礼》之名,始于刘歆。贾公彦以为"以设位言之,谓之《周官》;以制作言之,谓之《周礼》",其说亦未可尽信。

秦火以后,《周礼》几亦失传。汉武帝时,李氏得之于山岩崖壁,上于河间献王时已缺去《冬官》一篇。献王购千金赏求,不能得,乃取《考工记》补之,上之武帝。别一说以为与古文《尚书》等同时发现于孔壁。又一说以为与《逸礼》同为孔安国所献。此三说中,似第一说较为可信。

《周礼》的作者为谁?古文学家以为是周公,最初主张者为刘歆。今文学家不但以为非周公所作,甚至斥为即刘歆所伪造。宋学家或以为周公制定而未实行,或以为间有汉儒的窜改,更为没根据的臆说。

全书凡分六篇:《天官冢宰》第一,《地官司徒》第二,《春官宗伯》第三,《夏官司马》第四,《秋官司寇》第五,《冬官司空》第六;但《冬官司空》一篇早已亡佚,当时补以《考工记》,称为《冬官考工记》。书的内容,详于周朝的制度,而不及于教化;严于百官的职守,而阙述人主的本分。因此,或说它是"文王治岐之制",或说它是"周公理财之书",甚至或说它是"战国阴谋之术",然都不足为信。

《仪礼》在古时单称曰《礼》，或称《士礼》，又名《古礼经》。它虽经秦火之后，然尚是《礼书》中较为完善的一部。汉代所传，因篇第先后不同而分的凡有三本：一为戴德本，后世称为大戴本。二为戴圣本，后世称为小戴本。三为刘向别录本，为郑玄所注，即现代的通行本。三本次第，清今文学家以为戴德本最佳。至于因经文不同而分的，有二本：一为汉儒高堂生所传，为今文本。二为鲁恭王坏孔子宅所得，为古文本。郑玄所注，即参用今古文二本。

　　古文学家以为《仪礼》与《周礼》并为周公所作；今文学家则以为孔子所定。《仪礼》又有完缺问题，今古文学家的意见亦绝对相反。今文学家以为今本十七篇已包举一切的礼仪，故为完整的经典。古文学家主张《逸礼》三十九篇为可信，故以《仪礼》的十七篇为秦火的残烬。

　　今文学家为什么主张戴德本的篇第为最佳呢？因为他们根据《礼记·昏义》及《礼运》篇的话，以为"冠""昏""丧""祭""射""乡""朝""聘"八者为礼之经——"冠"以明成人，"昏"以合男女，"丧"以仁父子，"祭"以严鬼神，"乡饮"以合乡里，"燕射"以成宾主，"聘食"以睦邦交，"朝觐"以辨上下。一切人事，都可用此包括。而戴德本的篇第，恰与此相符合，故认为诸本中最佳之本。

　　《逸礼》三十九篇，今已佚失。它的来源，相传与古文

《尚书》同时发现于孔壁；一说以为发现于鲁淹中。至于献书的人，或以为即孔安国，或作河间献王。因以上各说的互相差池，故今文学家否认《逸礼》的发现，而以为是古文学家伪造的谰言。

《礼记》的制作，出于孔氏的门人。古有一百三十一篇。汉代戴德传八十五篇，谓之《大戴礼记》；戴圣传四十九篇，谓之《小戴礼记》。《隋书·经籍志》以为戴圣删《大戴礼记》为四十六篇，谓之《小戴记》；汉末马融增益《月令》《明堂》《乐记》三篇，合四十九篇，始成今本的《礼记》。戴震则以为马融增益之说绝不可靠。实则二书均取之于一百三十一篇，故篇目每多雷同，文字也各有详略。所不同者，一则列入经目，一则不得列入（宋人曾以《大戴记》列入"十四经"，但仅有其说而无事实表现），有幸与不幸之分罢了。

《礼记》是最初混淆今、古文学的书籍。虽编者戴圣本人的学统属于今文学，但就《礼记》各篇的性质加以考究，便大有问题。廖平以为《礼记》及《大戴礼》两书，有先师经说，亦有子史杂钞，最为驳杂。它采自今文学的，为今文学家言；采自古文学的，则为古文学家言。所取材料，大概可分三部：一部系说明《仪礼》；一部虽然说明《仪礼》，但所言仍为普通之礼；一部则完全与礼无关。

"三礼"的学派各不同：《周礼》为古文学，《仪礼》为今文学，《礼记》就学派说属于今文，就内容言则古、今文兼有。《礼》在汉代，显分为今古文二派。西汉初年，仅有今文学的《仪礼》，传自鲁高堂生。后分大戴、小戴、庆氏三家，当时都立于学官。但庆氏设立未久即废。西汉末，《周礼》因古文学派首创者刘歆的提倡，立于学官。其后马融、卫宏等都传其学。《礼记》的传授，本无学派可说。东汉末，马融曾传其学。郑玄受业于融，于注《仪礼》外兼注《周礼》与《礼记》，于是"三礼"之名始成立，而《礼记》亦始显于世。然郑注《仪礼》，兼参《逸礼》，于今、古文学的取舍颇不一致。晋初王肃为反郑学的健将，所作《三礼解》及《仪礼丧服传》都故意与郑立异。然而他混淆今、古文学的弊病更甚于郑玄。经南北朝以至于隋，郑、王对峙，各有拥趸。到了唐朝，贾公毅、孔颖达等疏"三礼"，专宗郑注，于是郑学有独尊之势。宋朱熹撰《仪礼经传通解》，欲混同《仪礼》《周礼》诸书，做综合的研究。元陈澔作《礼记集说》，明人取之，郑注遂弃。清代汉学家以考据为主，《礼记》的研究遂不及《仪礼》《周礼》之盛。所以并为梁启超列入《清十三经注疏》的《礼记训纂》（朱彬撰），也远不及《仪礼正义》（胡培翚撰）、《周礼正义》（孙诒让撰）的详密审慎。

【问题】

（1）"三礼"系指何书？ "礼"字做何解释？

（2）《周礼》有何异名？它的意义若何？

（3）《周礼》的来源怎样？

（4）《周礼》的作者为谁？

（5）《周礼》的内容若何？

（6）《仪礼》有何异名？它有哪几种本子？

（7）《仪礼》的作者为谁？

（8）《仪礼》的内容怎样？

（9）《逸礼》的来源和各家对它的态度怎样？

（10）《礼记》出于何人？

（11）《礼记》有哪几种？

（12）《礼记》的内容怎样？

（13）"三礼"的学派如何？

五、《春秋》及"三传"

"春秋"本为古代记事史籍的通名。到孔子据鲁史而作《春秋》，于是始成为"经"的专名。为什么叫《春秋》呢？因为《春秋》是编年体，年有四时，不能遍举，故取"春""秋"以包"夏""冬"。为什么不用《夏冬》而用《春秋》呢？因为"春"为生物之始，"秋"为成物之终，始于"春"，终于"秋"，故曰《春秋》。此外尚有三种异说：一、以为含有刑赏之意，郑樵说："取赏以春夏，刑以秋冬。"二、以为含有褒贬之意，亦郑樵说："一褒一贬，若春若秋。"三、以为因成书时期的关系，徐彦说："哀公十四年春，西狩获麟，作《春秋》，九月，书成。以其书春作秋成，故云《春秋》。"这三说都在解说专名，忘了"春秋"本来是通名，故历来经学家都不甚重视。

《春秋》为孔子据鲁史而作，古无异辞。然因专记孔子言行的《论语》无一语及于《春秋》，遂引起后人的怀疑。首言孔子作《春秋》者为孟子，故今人钱玄同即断为孟子的伪言。其书分年纪事，上起鲁隐公元年（公元前 722 年），下止鲁哀公十四年（公元前 481 年），计凡十二公，为隐公、桓公、庄公、闵公、僖公、文公、宣公、成公、襄公、昭公、定公、哀公，二百四十二年。书中殊多阙文、阙义，不易研究，故王安石有"断烂朝报"之讥。

《春秋》的经文，在古代与《左氏传》《公羊传》《谷梁传》各自别行，今则已无单行本。经文亦有今、古文的不同；《汉书·艺文志》有《春秋古经》十二篇，即《左氏传》所根据的古文经；又有《春秋经》十一卷，就是《公羊传》及《谷梁传》所根据的今文经。今文经为什么只有十一卷呢？何休说："子未三年，无改于父之道。"闵公仅二年而薨，故附于庄公，于是只有十一公了。至于古文经与《左氏传》的并合，始于杜预；至今文经与《公羊传》《谷梁传》的并合，则已不知始于何人了。

《左传》的作者，相传为与孔子同时的左丘明。两汉今、古文学家均承认。但古文家以《左传》系本《春秋》而作；

今文学家以为《左传》本名《左氏春秋》，与《春秋》无关。至以左氏与左丘明为二人，则始于唐之赵匡；宋郑樵更考定左氏为六国时楚人。它的来源也有三说：一、《汉书》以为汉代藏于秘府，为刘歆发现，故今文学家以今本《左传》为刘歆窜改《国语》伪造。二、许慎以为汉初张仓所献；但此说不见于西汉他书，恐亦难以凭信。三、王充以为发现于孔子宅壁中；段玉裁则以为恐非事实。

《公羊传》为解释《春秋》而作。其与《左传》最大的不同点，在《左传》以"史"为主，《公羊传》则以"义"为主。何休以为《公羊传》"多非常异义可怪之论"，有所谓五始、三科、九旨、七等、六辅、二类、七缺等等，而以"三科九旨"为最重要。所谓"三科九旨"之说有二：一、何休以为"新周，故宋，以《春秋》当新王，此'一科三旨'也"；"所见异辞，所闻异辞，所传闻异辞，'二科六旨'也"；"内其国而外诸夏，内诸夏而外夷狄"，"天下远近大小若一"，"是'三科九旨'也"。二、宋氏以为"三科者：一曰张三世，二曰存三统，三曰异内外"，"九旨者：一曰时，二曰月，三曰日，四曰王，五曰天王，六曰天子，七曰讥，八曰贬，九曰绝"。何说"九旨"即在"三科"之内，宋说则"九旨"另在"三科"之外。二说虽不同，但亦无甚冲突。此书来源，相传以为子夏传之公羊高，高四传至其玄孙寿，寿乃与齐人胡母子都著为文字，故《四库总目》即定为公羊寿撰。但按其内容，绝非成于一人。盖古代经传，非积累而成，就是经过后人窜改，《公羊传》亦难逃此例。

《谷梁传》的体裁与《公羊传》相近，而与《左传》不同。它本来与《公羊传》同属于今文学，自近人崔适斥为亦是刘歆所伪造，所以供《左传》的驱除，乃亦入之古文学。相传谷梁子受经于子夏，为经作传，即成今本《谷梁传》。但谷梁子之名，或作喜，亦作嘉，又作赤、真、俶、淑，孰真孰谬，很难决定。他的内容，亦似非出于一人之手。所以作者为谁，至今尚成问题。

"春秋学"亦分西汉今文学、东汉古文学及宋学三派。西汉初，《春秋》分为五家，为左氏、公羊、谷梁、邹氏、夹氏。后来"邹氏无师，夹氏有录无书"，故谨存其三。《左传》属于古文学，始发现者为刘歆，故今文学家诋为即歆所伪造。自歆以后，始有传授源流可寻。东汉末，郑玄初治《公羊传》，后改治《左传》，以所注授服虔，学乃大行。三国时，公、谷学已渐衰微，治《左传》者益众。晋杜预好《左传》，成《春秋经传集解》，又撰《春秋释例》，至今为最通行之本。南北朝时，或宗杜注，或宗服传，互相排挤。至唐孔颖达疏《五经》，《左传》用杜注，于是贾、服传、注遂亡。《公羊传》属于今文学，汉初始于胡毋生及董仲舒。传至严氏、颜氏二家，都立于学官，遂分二派。东汉时，何休专主《公羊传》，力排《左》《谷》，撰《公羊解诂》，流传至今。三国以后，逐渐衰落。唐徐彦撰《公羊传疏》，注取何休《公羊解诂》，颇得汉学正传。清末康有为撰《大同书》，尤为引申《公羊传》学的名著。《谷梁传》的学派谁属，已成疑问。相传始于汉初的申公。西汉时，朝廷曾集经师平《公羊传》《谷梁传》异同，萧望之、刘向等都倾向《谷梁传》，于是其学渐盛。东晋范宁集诸家旧说，成《谷梁传集解》，流传至今。唐杨士勋《谷梁义疏》，即以集解为主。宋代的春秋学则以弃传谈经为特色。他们不是排斥"三传"，就是糅杂"三传"。其后胡安国撰《春秋传》，假经文以论时政，更不顾经传原意。明代以《胡传》列入《五经大全》，其书大行，至清乾隆时始废。

【问题】

（1）何谓"春秋"？

（2）《春秋》为何人所作？

（3）《春秋》的内容怎样？

（4）"春秋三传"的异同何在？

（5）《左传》的作者为谁？来源怎样？

（6）《公羊传》与《左传》有何不同？

（7）《公羊传》的内容怎样？作者为谁？

（8）《谷梁传》的体裁若何？何人所作？

（9）春秋学的派别如何？

六、《论语》

《论语》的名称，开始于孔子弟子撰集的时候。王充以为孔安国授鲁人扶卿，始名《论语》，其说不可信。但在两汉时代，或单称为《论》，或单称为《语》，或别称为《传》，或别称为《记》，或详称为《论语说》，颇不一其辞。汉以后，《论语》名称的使用始渐确定。

汉初的《论语》，计有三种：一为《鲁论》，鲁人所学，凡二十篇，就是现行《论语》所根据之本。二为《齐论》，齐人所学，凡二十二篇，多《问王》《知道》二篇，即二十篇中的章句，也较《鲁论》为多。三为《古论》，得自孔壁，凡二十一篇，分《尧曰》下半篇为《从政》篇，篇次亦不与《齐论》《鲁论》相同。

现行的《论语》凡二十篇，为《学而》《为政》《八佾》《里仁》《公冶长》《雍也》《述而》《泰伯》《子罕》《乡党》《先进》《颜渊》《子路》《宪问》《卫灵公》《季氏》《阳货》《微子》《子张》及《尧曰》。《论语》的作者是谁呢？《汉书·艺文志》说："《论语》者，孔子应答弟子时人，及弟子相与言，而接闻于夫子之语也。当时弟子，各有所记；夫子既卒，门人相与辑而论纂，故谓之《论语》。"郑玄以为仲弓、子游、子夏等所撰；柳宗元以为曾子弟子所作；程颐以为曾子、有子的弟子所论撰；永亨以为出于闵氏。诸说自以《汉书》为最有理，但郑玄说亦未可厚非。

"论语学"在西汉时代已有今、古文的派别。《鲁论》《齐论》属今文;《古论》属古文。传《鲁论》的有龚奋、夏侯建诸人;传《齐论》的有王吉、宋畸诸人;传《古论》的相传有孔安国,曾为撰《训解》。其后张禹混合《齐》《鲁》,成为《张侯论》;马融亦为《古论》作注。汉末,郑玄以《张侯论》为本,参以《齐论》《古论》而为之注,盛行于时。三国时,王肃撰《论语解》,故意与郑注立异。晋代王弼亦注《论语》;何晏诸人又杂采汉、魏经师八家之说,成《论语集解》,流传至今。北朝盛行郑学;南朝以何解为主。梁皇侃作《论语义疏》,国内久佚,近始由日本传入。宋儒邢昺撰《论语正义》,即根据皇《疏》,剪其枝蔓,传以义理,为汉、宋学转变期的作品。及南宋朱熹出,辑集宋儒十一家的学说,撰《论语集注》,又撰《或问》及《精义》,且把《集注》列为"四子书"之一,尤见盛行。清人撰注,以焦循《论语通释》及刘宝楠《论语正义》最为精审。

【问题】

(1)《论语》有何异名?

(2)《论语》的传本有哪几种? 有何不同?

(3)《论语》的内容怎样?

(4)《论语》的作者为谁?

(5)"论语学"的派别怎样?

七、《孝经》

诸经中本来称为"经"的，只有《孝经》一书。为什么叫《孝经》呢？"孝"是"事亲之名"，"经"是"常行之典"。总括说起来，乃是示人以"事亲的常典"的书。在诸经中字数亦最少，据郑耕老的计算，全书只有一千九百零三字。

这本小小的经书，它的版本却有四种之多。一为今文本，凡十八篇，现在通行的《十三经注疏》本，即据此本。二为古文本，凡二十二篇，出于孔壁，在南朝梁时已亡佚。三为隋代后得的古文本，附有孔安国传，本为王肃伪作，由王劭送给刘炫，始显于世，故亦有人以为即刘炫伪作。今亦亡佚。四为清代后得的日本古文本及孔传，都诞妄不可据，现在尚存。

《孝经》的作者为谁？各家所言殊不一致，最要者有六说：一、以为孔子所作，班固、郑玄等主此说。二、以为曾参所作，司马迁有此说。三、以为曾子弟子所作，晁公武、王应麟主此说。四、以为曾子弟子子思作，冯椅有此说。五、以为七十子之徒所作，毛奇龄主此说。六、以为汉儒伪作，姚际恒主此说。此六说以一、二两说最有势力，但以第五说最为合理。

通行之《孝经》为今文本，凡分十八章，为《开宗明义章》《天子章》《诸侯章》《卿大夫章》《士章》《庶人章》《三才章》《孝治章》《圣治章》《纪孝行章》《五刑章》《广要道章》《广至德章》《广扬名章》《谏诤章》《感应章》《事君章》及《丧亲章》。古文《孝经》则为二十二章，《庶人章》分为二，《圣治章》分为三，又多《闺门》一章，文字异者亦有四百余。《孝经》全书所述，为自天子至庶人治亲的孝道，故历来学者均视为人生必读之书。

"孝经学"亦分汉学与宋学二派，汉学亦有今文与古文之分。《孝经》的传注，最早的为魏文侯《孝经传》。西汉时，传今文的有长孙氏、江翁、后苍、翼奉、张禹五家。传古文的仅为孔安国。东汉时，有郑注《今文孝经》出现，或云郑玄注，或云非是。南北朝时，以之列入学官。《古文孝经》有马融为之注，至梁而亡。隋王孝逸得《伪古文孝经》孔传，由王劭示刘炫，炫为撰《孝经述义》。其后《今文孝经》经唐玄宗二度为之注，并诏元行冲撰疏。宋邢昺《孝经注疏》即以行冲《疏》为蓝本，今列为十三注疏之一。《伪古文孝经》孔传因而渐亡。宋儒治《孝经》，多改窜经文，重分章节。朱熹信《古文孝经》，撰有《孝经刊误》，分为经一章、传十四章，删改旧文二百二十三字。元吴澄则信《今文孝经》，撰《孝经章句》，仿朱熹方法，分为经一章、传十二章。清乾隆间，汪翼沧得日本《古文孝经》孔传本，流行国内，学者多以为伪中之伪，不加重视。

【问题】

（1）何谓"孝经"？

（2）《孝经》有哪几种版本？

（3）《孝经》的作者为谁？

（4）《孝经》的内容怎样？

（5）《孝经》学的派别如何？

八、《大学》与《中庸》

《大学》本为《礼记》第四十一篇，专说古时候大学中教人的次第，或以为记古人"博学"之道，由是可以达于"为政"之意。自河南程氏认为孔氏的遗书；宋儒朱熹又把它与《论语》《孟子》《中庸》三书别立为"四子书"，于是就特别为人尊崇。

《大学》的作者为谁？已不能确知。相传传自曾子，故有人以为即曾子作。依朱熹章句，全书分为：《总纲》《格物》《致知》《诚意》《正心修身》《修身齐家》《齐家治国》《治国平天下》八章。《总纲》以"明德""亲民""止善"三端为之纲，以下分条解释它的细目"格物""致知""诚意""正心""修身""齐家""治国""平天下"，而一贯之以"诚"字。

《中庸》本为《礼记》第三十一篇，自程颐、朱熹二儒以《大学》与本篇同为吾人修养道学的根要，于是把它们从

《礼记》中独立出来，与《论语》《孟子》同列为"四子书"。为什么叫作"中庸"呢？所谓"不偏之谓'中'，不易之谓'庸'"，固很精确，就是"中者天下之正道；庸者天下之定理"，亦属至当不移。

《中庸》本是孔门传授心法的书，出自子思，故后人即指为子思作。依朱熹章句，全书可分三十三章，为《天命》《君子中庸》《中庸其至》《道之不行》《道其不行》《大知》《予知》《回之为人》《中庸不可能》《问强》《索隐》《费隐》《道不远人》《素位》《行远》《鬼神》《大孝》《无忧》《达孝》《问政》《自诚明》《尽性》《致曲》《前知》《自成》《无息》《大哉》《自用》《三重》《祖述》《至圣》《经纶》及《衣锦》。前半部发明"中"字之义居多；后半部发明"诚"字之义居多。有许多言辞，大都和《大学》互相发明；故前儒以为《大学》是《中庸》的门户，而《中庸》是《大学》的闳奥。

《大学》《中庸》二书，古代虽偶亦单行，但因都是《礼记》的一篇，故无学派可说。

【问题】

（1）何谓"大学"？

（2）《大学》本为何书的一篇？

（3）何人把《大学》列为"四子书"之一？

（4）《大学》的作者为谁？

（5）《大学》的内容若何？

（6）何谓"中庸"？

（7）《中庸》本为何书的一篇？

（8）何人把《中庸》列入"四子书"？

（9）《中庸》的作者为谁？

（10）《中庸》的内容怎样？

（11）《大学》和《中庸》何以无学派可说？

九、附——小学

"小学"本是指与"大学"对称的小学校。因为古代八岁入小学，保氏教国子先以六书，于是遂名六书为小学，即现代所称的文字学。自《汉书·艺文志》附小学于六艺之后，后人遂视"小学"为经学的附庸。《隋志》增以金石刻文，《唐志》增以书法、书品，已非初旨。及朱熹作《小学》以配《大学》，《郡斋读书附志》以《弟子职》《蒙求》之类列入"小学"，于是成为小学教科书的共名了。

汉律："太史试学童能讽、籀、书九千字以上，乃得为史。""讽"为"讽诵其音"，"籀"为"籀绎其义"，"书"为"书写其形"，三者都明白，才能谓之真正识字。所以小学可分为三部研究，即《说文》学、音韵学与训诂学。《说文》学的研究对象为文字的"形"，音韵学的研究对象为文字的"音"，而训诂学的研究对象则为文字的"义"。

我国在未有文字之前，替代言语用的符号，已有庖牺氏的"画卦"与神农氏的"结绳"。后来黄帝之史仓颉，见鸟兽蹄远之迹，始造文字。文与字的分别，据最初的意义，则"依类象形谓之文，形声相益谓之字"。又，独体为文，合体为字。至周宣王时，太史籀作大篆，亦名籀书。秦时李斯等就大篆改省而作小篆；始皇复命程邈作隶书，以便徒隶之用，于是文字日趋简易。秦代文字共有八体，为大篆、小篆、隶书、刻符、虫书、摹印、署书及殳书。其后新莽复改定为六体，为古文、奇字、篆书、佐书、缪篆及鸟虫书。草书起于秦末，至西汉史游作《急就篇》，功用愈著。八分书始于东汉王次仲；行书始于东汉刘德升。汉、魏以来，八分书逐渐变换，遂成现在的真书。

字形起源于庖牺氏的画卦，至神农氏的结绳更具模型。及仓颉造字，字体日繁，遂有所谓"六书"。何谓"六书"？《说文解字》序说："一曰指事：视而可识，察而见意，'上''下'是也。二曰象形：画成其物，随体诘诎，'日''月'是也。三曰形声：以事为名，取譬相成，'江''河'是也。四曰会意：比类合谊，以见指㧑，'武''信'是也。五曰转注：建类一首，同意相受，'考''老'是也。六曰假借：本无其字，依声托事，'令''长'是也。"六书"排列的次序和名称，各有不同，除上述《说文解字》所载外，《汉书·艺文志》作象形、象事、象意、象声、转注及假借；郑众《周官注》作象形、会意、转注、处事、假借及谐声。《说文解字》以"六书"释文字，重在解形，故研字形者必读《说文解字》，因称字形之学为《说文解字》学。《说文解字》注本的佳者，有段玉裁的《说文解字注》、王筠的《说文句读》及《释例》和朱骏声的《说文通训定声》。及近代甲骨文字发现，字形之学更另辟一新的研究对象。

音韵学的研究对象为音、声、韵。古代"六书"中已有"形声"，故另外无专门的字音之学。及魏李登作《声类》，始判清浊，分宫商，以五声命字。晋吕静仿之为《韵集》。齐周颙作《四声切韵》、梁沈约作《四声谱》，于是又有四声的确定。隋陆法言等撰《切韵》、唐孙愐本之而作《唐韵》，合四声区为二百六部，今其书皆不传。宋陈彭年等因《切韵》而专修《广韵》。后有丁度《集韵》及戚纶等定《礼部韵略》，为宋时程试功令。平水刘渊取而并之为一百七部，是为"平水韵"。元阴时夫撰《韵府群玉》，又本平水韵而删为一百六部，即近世通行的《诗韵》。以上为今音之学。自今音行而古音晦，始有所谓古音之学。宋吴棫创叶音之说，遂作《韵谱》。明杨慎本之而作《古音略例》等五书，陈第作《毛诗古音考》及《屈宋音古义》，于是古音复有门径可寻。此后如顾炎武作《音学五书》、江水作《古韵标准》、戴震作《声类》、段玉裁作《六书音韵表》、章炳麟作《成均图》，并为发明古音学的要籍。此外又有等韵学。古代有"反语"，反一音为二字。"反"又称为"切"，因名"反切"。其后乃别一音化二为"反"，二音合一为"切"。反切的上一字，必与所切的音同组，名曰"双声"；反切的下一字，必与所切的音同韵，名曰"叠韵"。当反切初行，尚无所谓韵目。及《切韵》出，始有"东""冬""钟""江"等目。唐末沙门守温依梵音，创三十六字，为见、溪、群、疑、端、透、定、泥、来、知、彻、澄、娘、日、帮、滂、并、明、非、敷、奉、微、精、清、从、心、邪、照、穿、床、审、禅、晓、匣、影、喻，为声母。宋人乃取韵书上的字，依此三十六字母的次序排列成图，如司马光的《切韵指掌图》，是谓等韵之学。迨国音学兴，声韵学上又多了一个讨论的问题了。

训诂学重在解释字义，以《尔雅》为先导。《尔雅》十九篇，不出一人之手。陆德明以《释诂》一篇为周公作，其余或言为孔子、子夏、叔孙通、梁文等所增益。邵晋涵谓为孔子门人所作，以释六艺之言，说最近古。大抵其书出于春秋、战国之际，会通方言，训诂名物，至切时用。后人以其足以诂经，故列为十三经之一。晋郭璞为之注、宋邢昺为之疏，及清郝懿行作义疏、邵晋涵作正义，尤臻赅博。《尔雅》后有《方言》，旧传扬雄所作，洪迈疑为伪托。其书详于邦国、名物、言语的异同，多为训诂家所资借。清戴震为之作疏证、钱绎为之作笺疏。稍后有刘熙《释名》，由音以求义。及魏，有张揖的《广雅》，清王念孙为作疏证。宋有陆佃作《埤雅》、罗愿作《尔雅翼》。明朱谋㙔的《骈雅》，则取古书文句典奥者，联二字为一词，骈异文为同义，足为掞藻之助。至若杭世骏作《续方言》，补《方言》的遗漏，章太炎作《新方言》，尤多创通之义。

【问题】

（1）何谓"小学"？

（2）"小学"的内容怎样？

（3）中国古代替代言语的符号有哪几种？

（4）造字始于何人？

（5）"文"和"字"有何区别？

（6）大篆为谁所作？

（7）小篆的作者为谁？

（8）隶书何人所作？

（9）何谓八体？

（10）何谓六体？

（11）草书始于何时？

（12）行书何人所作？

（13）八分书的作者为谁？

（14）何谓六书？

（15）音韵学的研究对象是什么？

（16）音韵学始于何人？

（17）何谓平水韵？

（18）现代通行的诗韵系根据何书？

（19）何谓古音学？

（20）何谓反切？

（21）何谓双声叠韵？

（22）首创字母的是谁？

（23）何谓等韵学？

（24）《尔雅》何人所作？内容是什么？

（25）《方言》的作者为谁？内容是什么？

（26）《释名》的作者为谁？内容是什么？

（27）《骈雅》的作者为谁？内容是什么？

第三讲

子学

第一章 总 论

一、子的定义

"子学"是"诸子学"的简称，或名哲学。因为"子学"所包含的不仅是哲学一类，所以本书沿用旧称，仍名"子学"。

"子"字的最初意义，依《说文解字》，本为人类的通称。后来引申为"人之嘉称"，如有德的人叫君子；王肃又以为"有德有爵之通称"，如古时士大夫通称曰"子"。古时政教合一，师即是官，因称师为"子"或"夫子"。到了后来，学术由私家传授，于是弟子便以"子"字题他所奉的师的著作。这是"子书"名称的由来。

不过"子"本乃指人而说，并不指其派别。派别的通称叫作"家"。周代重"世禄"的制度，往往以官为世，代守其业，子传父学，故称曰"家"。后来官失其守，家学放佚，只要传某派的学术的，便叫"某家"；于是失去了它本来的意义。

孙星衍说："凡称子书，多非自著。"盖子书大都不出于一人之手，亦非作于一时。至以"诸子"并提，则始于《庄子·天下篇》《荀子·非十二子篇》；各家并提，则始于司马谈《论六家要旨》。刘歆作《七略》，辑"子书"为一略，即名《诸子略》。于是开"子学"研究的雏形，而"诸子"之名亦成立。

【问题】

（1）"子"的本义怎样？

（2）何谓"子"？

（3）何谓"家"？

（4）子书是否出于一人和作于一时？

（5）"诸子"的名称始于何时？

二、诸子的来源

凡是一种学术的产生，绝不是凭空掉下，必有它的来源可寻。诸子虽所包甚广，派别纷歧，但也都有它们的来源。自来研究诸子的来源的，共有二说：一谓"出于王官"；一谓"救世之弊"。以为"出于王官"的为《汉书·艺文志》，它把诸子分为十家，而各系以说：

儒家。"出于司徒之官"。"祖述尧、舜，宪章文、武，宗师仲尼"。有晏子等五十三家。

道家。"出于史官"。"清虚以自守，卑弱以自持"。有伊尹等三十七家。

阴阳家。"出于羲和之官"。"敬顺昊天，历象日月星辰，敬授民时"。有宋司星子韦等二十一家。

法家。"出于理官"。"信赏必罚，以辅礼制"。有李悝等十家。

名家。"出于礼官"。"古者名位不同，礼亦数异"。有邓析等七家。

墨家。"出清庙之守"。主"贵俭""兼爱""上贤""右鬼""非命""尚同"。有尹佚等六家。

纵横家。"出于行人之官"。"使于四方，……受命而不受辞"。有苏秦等十二家。

杂家。"出于议官"。"兼儒、墨，合名、法"。有孔甲等二十家。

农家。"出于农稷之官"。"播百谷、劝耕桑以足衣食"。有神农等九家。

小说家。"出于稗官"。"街谈巷语、道听途说者之所造也"。有伊尹等十五家。

主张"救世之弊"的为淮南王刘安，他在《淮南子·要略》里说：

"纣为天子……杀戮无止，……作为炮烙之刑，刳谏者，剔孕妇，天下同心而苦之。……文王欲以卑弱制强暴，以为天下去残除贼，而成王道：故太公之谋生焉。"

"周公继文王之业……辅翼成王。惧争道之不塞，……故纵马华山，放牛桃林，败鼓折袍，搢笏而朝。……孔子修成、康之道，述周公之训，以教七十子，使服其衣冠，修其篇籍：故'儒者'之学生焉。"

　　"墨子学'儒者'之业，……以为其礼烦扰而不说，厚葬靡财而贫民，久服伤生而害事，故背周道而用夏政，……故节财、薄葬、闲服生焉。"

　　"齐桓公之时，天子卑弱，诸侯力征，南夷北狄，交伐中国。……齐国地狭田少，而民多智巧；桓公……欲以存亡继绝，崇天子之位，广文、武之业：故管子之书生焉。"

　　"齐景公内好声色，外好狗马，……故晏子之谏生焉。"

　　"晚世之时，六国诸侯，……力征争权，胜者为右，恃连与国，约重致，剖信符，结远援，以守其国家，……故纵横、修短生焉。"

　　"韩，晋别国也。……晋国之故礼未灭，韩国之新法重生；先君之令未收，后君之令又下；新故相反，前后相缪，百官背乱，不知所用：故刑名之书生焉。"

　　"秦国之俗贪狠，强力寡义而趋利；可威以刑，而不可化以善；可劝以赏，而不可厉以名：……故商鞅之法生焉。"

　　这两种说法，究竟哪一种对呢？吕思勉以为"天下无'无根'之物；使诸子之学，前无所承，周、秦之际，时势虽亟，何能发生如此高深之学术？天下亦无'无缘'之事；使非周、秦间之时势有以促成之，则古代浑而未分之哲学，何由推衍之于各方面，而成今诸子之学乎？"所以他以为二说都有其道理。但胡适著《诸子不出于王官论》，却极反对《汉志》之说。

【问题】

（1）诸子的来源有哪几种说法？

（2）主诸子出于王官的为何书？怎样说法？

（3）主诸子起于救世之弊的为何书？怎样说法？

（4）吕思勉对于二派所说的批评怎样？

三、诸子的派别

诸子的派别，说者纷歧，究竟有几，迄无定论。现在从《庄子·天下篇》所论列者叙起，至清代《四库全书》所收录的为止，既可明古往今来学者对于诸子派别分合意见的演变，又可借以明白自古迄今诸派著述存佚的经过。

《庄子·天下篇》所论列的各家，虽当时"诸子"之名尚未成立，然已都属于"子"，计凡五家，并而为六：一、为墨翟、禽滑釐。二、为宋钘、尹文。三、为彭蒙、田骈、慎到。四、为关尹、老聃。五、为庄周自己。六、为惠施。《荀子·非十二子》，则分为六说十二家：一、为它嚣、魏牟。二、为陈仲、史鰌。三、为墨翟、宋钘。四、为慎到、田骈。五、为惠施、邓析。六、为子思、孟轲。司马迁《史记·太史公自序》，述他的父亲谈《论六家要旨》，亦分为六家：一为阴阳家；二为儒家；三为墨家；四为名家；五为法家；六为道德家。正式以"儒""墨""法""道"等名以区分各家派别的不同，肇始于此。其后班固《汉书·艺文志》，本刘歆《七略》，立"诸子略"为一门，分为儒、道、阴阳、法、名、墨、纵横、杂、农、小说十家。其中除小说家外，亦称九流。上述四家所论列，以司马谈为最精，而以班固为最通行。

《汉志》以后，诸史多有《艺文志》，《隋书》及《旧唐书》则名《经籍志》。《隋志》所录子部，分为十四类，为儒、道、法、名、墨、纵横、杂、农、小说、兵、天文、历数、五行及医方。《两唐·书志》则分为十七类，为儒、道、法、名、墨、纵横、杂、农、小说、天文、历算、兵书、五行、杂艺、类书、经脉及医术。《宋志》亦分类为十七，与《两唐·书志》仅有一二名目上的不同。至清人辑《四库全书》，所收更富，但仅分十四类，为儒、兵、法、农、医、天文算法、术数、艺术、谱录、杂、类书、小说、释及道。上列诸家所分，渐超出于"子"的本来意义的范围，故子学家都不从之。

诸子思想，自以周、秦为盛，故有人主张"子学"当以周、秦诸子为限。如果仅据周、秦诸子的思想，总括起来，可列为四大派：一为邹、鲁派，标榜"仁、义"，以孔子、孟子为其中心，而荀子似为支派。二为陈、宋派，亦称荆、楚派，鼓吹"虚无"，以老子、庄子为其中心，而墨翟、宋钘、许行、陈相、陈辛等为其支派。三为郑、卫派，亦称三晋派，倡导"法、术"，以申不害、公孙鞅、慎到、韩非为其中心，而邓析、惠施、公孙龙、魏牟等为其支派。四为燕、齐派。务为"空疏迂怪"之说，以邹衍、邹奭、淳于髡、田骈、接子为其中心。

本书所叙，依司马谈分为六家，为阴阳、儒、墨、名、法、道德。次序则依《汉志》，为儒、道、阴阳、法、名、墨。最后以杂家及其他为附录。

【问题】

（1）《庄子》分诸子为哪几派？

（2）司马谈分诸子为哪几家？

（3）《七略》分诸子为哪几家？

（4）《隋书·经籍志》分诸子为哪几类？

（5）《两唐·书志》分诸子为哪几类？

（6）《宋史·艺文志》分诸子为哪几类？

（7）《四库全书》分诸子为哪几类？

（8）周、秦诸子可分为哪几派？

（9）本书的分类法怎样？

第二章 各 论

一、儒家

"儒"本来是"术士"的通称，术士即学道之士。《周官·大宰》"儒以道得民"，与"师"对举。师既与儒并言，则儒本为掌教育的人，就是以"六艺"教人的保氏。因为孔门专传"六艺"之学，故遂加以"儒家"的称号。

孔门教育，分为四科，孔子尝称："德行：颜渊、闵子骞、冉伯牛、仲弓。言语：宰我、子贡。政事：冉有、季路。文学：子游、子夏。"照这样看来，在孔子之时，儒家已分为四派。《韩非子·显学篇》以为孔子死后，儒分为八："有子张之儒，有子思之儒，有颜氏之儒，有孟氏之儒，有漆雕氏之儒，有仲良氏之儒，有孙氏之儒，有乐正氏之儒。"这八派的书，多已不传。实际上只有孟、荀二家，始为孔门之两大宗派。

《汉书·艺文志》所载周、秦儒家，凡三十家，其目如下：《晏子》八篇，《子思子》二十三篇，《曾子》十八篇，《漆雕子》十三篇，《宓子》十六篇，《景子》三篇，《世子》二十一篇，《魏文侯》六篇，《李克》七篇，《公孙尼子》

二十八篇,《孟子》十一篇,《孙卿子》三十三篇,《芊子》十八篇,《内业》十五篇,《周史大镐》六篇,《周政》六篇,《周法》九篇,《谰言》十篇,《功议》四篇,《宁越》一篇,《王孙子》一篇,《公孙固》一篇,《李氏春秋》二篇,《羊子》四篇,《董子》一篇,《俟子》一篇,《徐子》四十二篇,《鲁仲连子》十四篇,《平原君》七篇,《虞氏春秋》十五篇。此三十家中,存于今者仅《晏子》《孟子》《荀子》三家,《子思子》《曾子》则仅存残余,其余都已亡佚。

后人因《晏子》中多诋毁孔子之言,疑《汉志》列入儒家为不当。不知儒家之教,以五伦为基本,以礼乐为工具。周公制礼作乐,千古莫与之比,故为儒家所肇始。晏子、孔子同为祖述儒家,而晏子非孔,正和孟、荀二子同尊孔子而荀子非孟一样。或以晏子列入墨家,因晏子学说中,主张爱民、非战、尚贤、尚俭数点,与墨子相同,殊不知晏子又主崇礼、非鬼。其说根本与墨家相反,而与儒家却全同。且他的爱民、非战、尚贤、尚俭诸说,本与儒家亦不相非,故以列入儒家为妥。

晏子名婴,字平仲,莱之夷维人。事齐灵公、庄公、景公,以节俭力行重于齐。《史记》称他"既相齐,食不重肉,妾不衣帛;其在朝,君语及之,即危言,语不及之,即危行;国有道即顺命,无道即衡命。以此三世显名于诸侯"。可见他是一个言行相顾的人,足为儒家的模范。他死后,其客哀之,集其行事成书，名为《晏子》。

　　《晏子》一名《晏子春秋》，篇目如下：《内篇谏上》第一，《内篇谏下》第二，《内篇问上》第三，《内篇问下》第四，《内篇杂上》第五，《内篇杂下》第六，《外篇重而异者》第七，《外篇不合经术者》第八。后人以篇为卷，又合杂上、下二篇为一，故或作七卷。研究《晏子》的最佳本，当推刘师培《晏子春秋补释》。

　　属于孔子一派的儒家，自以孟、荀二子为大家。孟子名轲，字子舆（一作子车），邹人，受业于子思的门人。他好称尧、舜，学孔子，道性善，言仁义，尊王贱霸，贵民轻君。时天下方专务合从连衡，以攻伐为贤，故历事齐、梁之君而道不行。乃退而与万章、公孙丑诸徒，序《诗》《书》，作《孟子》七篇。孟子之学亦主中庸，而气质稍偏于刚，故他反对异派，辞严理逊。如斥墨为无父，斥杨为无君，斥许行为相率为伪，斥张仪为妾妇之道，言多不合伦理。但他的说时君，以"民事""民贵"为本，以"仁政""王道"为归，以"善战""罔利"为戒，蔼然仁者之言，实胜于孔子之"尊君"与重"阶级"。所以近世学者还很称道他。

　　《孟子》七篇，每篇又分上下，首《梁惠王》，次《公孙丑》，再次为《滕文公》《离娄》《万章》《告子》及《尽心》。其书司马迁、赵岐皆谓孟子所自作；吴姚信、韩愈以为孟子的门弟子所作；阎若璩以为孟子自作，而经门弟子的叙定；

林之奇则以为孟子的门弟子所作，而且杂有再传的门弟子的纪录：此四说以最后一说为较优。但《汉志》著录者为十一篇，《风俗通》作"书"中、外十一篇；盖以七篇为中，四篇为外。赵岐以为"《外书》四篇，《性善辨》《文说》《孝经》《为政》，其文不能宏深，不与内篇相似，非孟子本真，后世依傲而托者也"。书已久佚。至于现存的《孟子外书》，又是"伪中之伪"了。《孟子》本书，经宋人列入经籍，为十三经之一。注本甚多，以焦循《孟子正义》为最精，以朱熹《孟子集注》为最便诵习。

荀子于诸经无所不通，孟子而外，人罕能比。司马迁以孟、荀同传，实有卓见。荀子名况，时人尊称曰卿，故曰荀卿，或作孙卿，荀孙乃一音之转。他是赵国人，年五十，始游齐，继适楚。春申君以为兰陵令。《史记》称他"嫉浊世之政，亡国乱君相属，不遂大道，而营于巫祝，信機祥，鄙儒小拘，如庄周等又滑稽乱俗，于是推儒、墨、道德之行事兴坏，序列著数万言而卒"。他的学说本宗孔子，故诵说王道，以仁、义、礼、乐为归，以笃学、隆师为方，以正名、化性为本，以治气、养心为守。他的《非十二子》推诸子之言，《正论》纠世俗之说，其旨颇粹。但他主张性恶，法后王，与孟子道性善，称尧、舜的观点不同；又斥子思、孟子处语太偏激，故甚为后世儒家之徒所反对。苏轼甚至以李斯曾从受业，因以乱秦之罪加在他的身上，那真不免所谓"深文周内"了！

《汉志》著录《孙卿子》三十三篇，据王应麟考证，谓当作三十二篇。今本的三十二篇目次，为《劝学》《修身》《不苟》《荣辱》《非相》《非十二子》《仲尼》《儒效》《王制》《富国》《王霸》《君道》《臣道》《致士》《议兵》《强国》《天论》《正论》《礼论》《乐论》《解蔽》《正名》《性恶》《君子》《成相》《赋》《大略》《宥坐》《子道》《法行》《哀公》及《尧问》。据《刘向校书序录》，向原校定本为十二卷，题曰《新书》。杨倞复分易旧第，编为二十卷，且为之注，又更《新书》之名为《荀子》，即今行本是。王先谦复据杨注本为之《集解》，成为最精而最便诵习之本。

其余儒家之书，如《曾子》残存十篇，载在《大戴礼记》，阮元取而为之注释，现亦单行。曾子在孔门，述《大学》，作《孝经》，故其学以"孝""礼"为本。《子思子》残存四篇，载在《礼记》，《中庸》一篇，是他自撰，其他三篇，《坊记》《表记》《缁衣》为他的门人所纂。其书亦偏重言礼。此外《公孙尼子》原书已佚，但《礼记》采他的《乐记》十一篇，合为一篇。《缁衣》刘献以为亦公孙尼子作，但今已知出自子思，自属不确。《漆雕子》之学说，则散见于《家语》《韩非子》及《论衡》。《世子》之学说亦见《论衡》。《宓子》与《景子》，则杂见于《家语》《韩非子》《吕氏春秋》《韩诗外传》《说苑》及《淮南子》。《宁越》仅见于《吕氏春秋》。《王孙子》则见《北堂书钞》及《太平御览》所引。《董子》见《论衡》。《虞卿》见《史记·虞卿列传》。虽大都为片段的论述，然各家学说之精粹所在，赖此可以考见，亦为学术界之幸事。

自来对于各家的批评，亦以司马谈最为公允。谈以为儒家之短，在于"博而寡要，劳而少功"，所以他说："儒者以六艺为法，六艺经传以千万数，累世不能通其学，当年不能究其礼，故曰：'博而寡要，劳而少功。'若夫列君臣、父子之礼，序夫妇、长幼之别，虽百家弗能易也。"

【问题】

（1）何谓"儒家"？

（2）儒家有何派别？

（3）《汉书·艺文志》所载儒家有哪几家？

（4）《晏子》何以列入儒家？

（5）《晏子》的内容和思想怎样？

（6）《孟子》的内容和思想怎样？

（7）《荀子》的内容和思想怎样？

（8）《晏子》《孟子》《荀子》外的儒家著作有没有佚存？

（9）司马谈对于儒家的批评怎样？

二、道家

"道家"之名，依司马谈《论六家要旨》，应作"道德家"。江瑔以为"道"乃道术之通称，诸子百家皆为道，故不得独举以目老、庄之徒。但陈柱以为道家出于史，史为道术的总归，故道家为道术的全部，诸子为道术的一部；全部可以括道，一部不足以括道，故仅道家可名曰"道"。

道家托始于黄帝，故黄老并称。其来源在诸子中为最先。大概自黄帝以后老子以前两千年中，只有道家之学，历久不衰。其他各家均产生于春秋、战国之际，皆在道之后。然同为道家，老、庄亦不同派，故《庄子·天下篇》，列关尹、老聃为一派，而庄周自为一派。这二派同主崇尚自然，但一派因自然力的伟大，以为人事皆无可为，遂一切放下，所以主张"委心任运，乘化以待尽"；一派则欲因任之以致仕，善用之以求胜，所以主张"秉要执本，清虚以自守，卑弱以自持"。前者以庄、列为代表，后者以老子为代表。

《汉书·艺文志》所录周、秦道家的书，有《伊尹》五十一篇；《太公》二百三十七篇，《谋》八十一篇，《言》七十一篇，《兵》八十五篇；《辛甲》二十九篇；《鬻子》二十二篇；《管子》八十六篇；《老子邻氏经传》四篇，《傅氏经说》三十七篇，《徐氏经说》六篇；《刘向说老子》四篇；《文子》九篇；《蜎子》十三篇；《关尹子》九篇；《庄子》五十二篇；《列子》八篇；《老成子》十八篇；《长卢子》九篇；

《王狄子》一篇;《公子牟》四篇;《田子》二十五篇;《老莱子》十六篇;《黔娄子》四篇;《宫孙子》二篇;《鹖冠子》一篇;《周训》十四篇;《黄帝四经》四篇;《黄帝铭》六篇;《黄帝君臣》十篇;《杂黄帝》五十八篇;《力牧》二十二篇;《孙子》十六篇;《捷子》二篇;《郑长者》一篇;《楚子》三篇:凡三十三家。此三十三家之书,今已无一全存者。今本《管子》《庄子》均为残存之书;《老子》已不详为何氏本;《鹖子》《文子》《关尹子》《列子》《鹖冠子》皆为伪本;余皆亡佚不存。

老子姓李名耳,字伯阳,一字聃。李耳何以亦称老聃?胡适以为老或是字,因春秋时人好名字并举;或是姓,因古代贵族于姓之外还有氏,李耳或源出大族,故姓老而氏李。他是楚国苦县厉乡曲仁里人,曾做过周室守藏室之史,等于现在国家图书馆馆长,故孔子向之问礼。《史记》称他"修道德,其学以自隐无名为务。居周久之,见周之衰,乃遂去。至关,关令尹喜曰:'子将隐矣,彊为我著书!'于是老子著书上下篇,言道德之意五千言而去,莫知其所终"。老子法自然,主无为,以卑弱自处,所以他的对于政治的主张,主愚民,用权术,与儒家之主教化,以至诚完全相反。

今本《老子》二卷,分为《道经》与《德经》,凡八十一章,五千七百四十八言。《老子》书的称经,实始于汉景帝的时候。景帝因黄、老之书，义理深奥，故改子为经，立"道学"一门，敕令朝野之间，都讽诵它。至唐代，因同姓的关系，高宗封老子为玄元皇帝，其书尤见尊重。古来为之注者甚多，《道藏》所收，几及五十家。但通行本仅有河上公注及王弼注二家。河上公注为伪书，每章所加题目，尤为近俗。今人陈柱，精于老子学的研究，所著书很多。他的《老子集训》一书，集古来注释的大成，尤便于学子的研诵。

庄、列虽并称，但列子却在庄子之前。列子名御寇，为郑缪公时人。高似孙以为"庄周寓言，实无其人"，盖因佚其书而并疑其人，并无确证。其书今存八篇，为伪作；书前有张湛序，述得书源流，殊不可信。序中有云："属辞引类，特与《庄子》相似。庄子、慎到、韩非、尸子、淮南子，玄示指归，多称其言。"故后人以为即湛取材于《庄子》《慎子》诸书而稍附益之以成。其书与《庄子》相类，精义虽不及《庄子》之多，而其文较《庄子》易解，足与《庄子》相参证。八篇之目，为《天瑞》《黄帝》《周穆王》《仲尼》《汤问》《力命》《杨朱》及《说符》。唐玄宗时，尊为《冲虚真经》；宋朝景德中，更加"至德"二字，故又称《冲虚至德真经》，列于《道藏》。

庄子名周，是宋国蒙县人。他曾做蒙漆园吏，和梁惠王、齐宣王同时。于学无所不窥，要其本，则归之于老子之言。

著书凡十余万言，大抵以寓言为多，而诋訾孔子之徒，其所言尤洸洋自恣，故荀子诋为"滑稽乱俗"。当时自王公大人以下，不能器重他。楚威王闻其贤，使人以厚币往迎，许以为相。他笑对使者道："千金重利也，卿相尊位也，子独不见郊祭之牺牛乎？养食之数岁，衣以文绣，以入太庙；当是之时，虽欲为孤豚，岂可得乎？子亟去！无污我！我宁游戏污渎之中自快，无为有国者所羁，终身不仕，以快吾志焉。"从这一段话里，可见庄子处世哲学的一斑。至其与老子学说的异同，已见前述，不复再叙。

今本《庄子》仅三十三篇，较之《汉志》所称少十九篇。五十二篇有司马彪及孟氏注本，今都佚失。三十三篇有郭象注本，分《内》《外》《杂》三篇，最为通行。三篇中《内篇》包含《逍遥游》《齐物论》《养生主》《人间世》《德充符》《大宗师》《应帝王》七篇，《外篇》包含《骈拇》《马蹄》《胠箧》《在宥》《天地》《天道》《天运》《刻意》《缮性》《秋水》《至乐》《达生》《山木》《田子方》《知北游》十五篇，《杂篇》包含《庚桑楚》《徐无鬼》《则阳》《外物》《寓言》《让王》《盗跖》《说剑》《渔父》《列御寇》《天下》十一篇。王树枏以为"内篇即内圣之道，外篇即外王之道，所谓静而圣，动而王也。杂篇者，杂述内圣外王之事，篇各为章，犹今人之杂记也"。其中《内篇》七篇，说者多以为真是庄子的作品，大致可信，但也有后人加入的话。至《外篇》《杂篇》则都非自作。然子书本非一人之言而为一家之言，故诸子均非出一人手笔，不独《庄子》是这样。其书亦名《南华真经》，晋人已有称之者，可见经名之定，后于《老子》而先于《列子》。注释本甚多，《道藏》所收，多至十余种。其中最便研习者，为郭庆藩的《庄子集释》、王先谦的《庄子集解》。二书一详而备，一简而要，各有所长。

管子名仲，字夷吾，事齐为大夫。尝佐齐桓公"九合诸侯""一匡天下"，颇为孔子所称。所传《管子》内容甚错杂，统观全书，以道、法二家之言为最多，故《七略》以之列入法家。然其间亦多兵家、纵横家、儒家、阴阳家及农家之言，故不如入之杂家为妥。至其作者，当非出于管子一人手笔，亦非成于一时。

今本《管子》中，自《牧民》至《幼官图》九篇，为《经言》；自《五辅》至《兵法》八篇，为《外言》；自《大匡》至《戒》九篇，为《内言》；自《地图》至《九变》十八篇，为《短语》；自《任法》至《内业》五篇，为《区言》；自《封禅》至《问霸》十三篇，为《杂篇》；自《牧民解》至《明法解》五篇，为《管子解》；自《臣乘马》至《轻重庚》十九篇，为《管子轻重》。其中已亡失《王言》等十篇；《封禅》原篇亦亡，系采《史记·封禅书》补入，已非原文了。

此外伪作的书，除《列子》外，尚有《鹖冠子》十四篇，唐逢行珪所献；《文子》十二篇，江瑓以为文种作，其书半袭《淮南子》，杜道坚为作《缵义》；《关尹子》九篇，南宋徐蒇得于永嘉孙定家；《鹖冠子》三卷十九篇，陆佃为之注，颇行于世。他如其书全佚，仍可于他书中考见其片辞只意的，有《老莱子》，见《庄子》《孔丛子》《战国策》《列女传》《高士传》《大戴礼记》；《黔娄子》，见《高士传》、陶潜《五柳先生传》；《公子牟》，见《庄子》《说苑》；《田子》，见《淮南子》《吕氏春秋》；《郑长者》，见《韩非子》。此外则不可考。

道家不见录于《汉志》，而且著作亦已佚亡，但在当时曾有盛大的势力的，尚有杨朱。蔡元培疑杨朱即庄周，因杨、庄叠韵，朱、周双声，古音可通；又以孟子单辟杨、墨而未及庄周为证。但《庄子》书中有阳子居，即为杨朱，阳、杨同音，子居为朱音之反，故知其绝非为一人。杨朱学说，可考《列子·杨朱篇》。其学导源《老子》，主"为我"，故不与损一毫利天下，亦不取悉天下以奉一人；谓贤、愚、贵、贱同归于臭腐消灭，故重乐生逸身，而不为寿、名、位、货四事所困。其说较《老子》为狭而甚易入人心，故至战国而其道大盛。

司马谈评道家的长处，在于："使人精神专一，动合无形，赡足万物。其为术也，因阴阳之大顺，采儒、墨之善，撮名法之要，与时迁移，应物变化，立俗施事，无所不宜；指约而易操，事少而功多。"故较儒家更为推重。

【问题】

（1）何谓"道家"？

（2）道家的来源怎样？

（3）道家有何派别？

（4）《汉书·艺文志》所载道家有哪几家？

（5）《老子》的内容和思想怎样？

（6）《列子》的来源和内容怎样？

（7）《庄子》的内容和思想怎样？

（8）老庄思想有何不同？

（9）《管子》的内容和思想怎样？

（10）《列子》以外的伪书有哪几种？

（11）杨朱在当时的势力和他的思想怎样？

（12）司马谈对于道家的批评若何？

三、阴阳家

所谓"阴阳"，含有三义：一为"日月阴阳"，如羲和的"钦若昊天……敬授民时"即属此义；二为"阴阳变化"，就是兵书的阴阳；三为"五行阴阳"，就是五行的术数的阴阳。这三义中，以第一义为阴阳家的正宗，二三义则不过一技一艺，不足以代表阴阳家的全体。

《汉书·艺文志》以为"阴阳家者流，盖出于羲和之官"。《尚书·尧典》载尧、舜命官，以羲和为最先，可见羲和为古代最重要的官。顾实讲疏云："羲和之官，详于《尧典》，仲叔四子（羲仲、羲叔、和仲、和叔）分宅四裔：'南交'则今之安南也。'朔方……幽都'，则今之黑龙江上源也。东西至日之所出入，则更远矣。本其实测而著历象，故古之阴阳家未可轻量也。"这就是第一派的阴阳家。"阴阳变化"一派，《汉志》名为"兵阴阳"。怎样叫"兵阴阳"呢？《汉志》说："顺时而发，推刑德，随斗击，因五胜，假鬼神而为助者也。"至"五行阴阳"，亦生于律历，亦本羲和之言；《汉志》云："五行者，五常之刑气也。……用五事以顺五行也。貌、言、视、听、思心失，而五行之序乱，五星之变作，皆出于律历之数而分为一者也。其法亦起于五德终始，推其极则无所不至。"由"日月阴阳"演变而说五胜鬼神迂怪之事，为学术上屡变失宗之例，并非阴阳家本来如此。

据《汉志》所载周、秦阴阳家，共有十五，为《宋司星子韦》三篇，《公梼生终始》十四篇，《公孙发》二十二篇，《邹子》四十九篇，《邹子始终》五十六篇，《乘丘子》五篇，《杜文公》五篇，《黄帝泰素》二十篇，《南公》三十一篇，《容成子》十四篇，《邹奭子》十二篇，《闾丘子》十三篇，《冯促》十三篇，《将钜子》五篇及《周伯》十一篇。许多书现在都已佚亡，仅《宋司星子韦》有马国翰的辑本。

阴阳家渐变它的本宗，始于春秋之时。上古时的阴阳家既如前所述，至春秋时，鲁梓慎、郑裨灶、晋卜偃、师旷衍之流，皆察阴阳，知灾祥，其言往往有验，然已非古之所谓阴阳家。到了战国时，典籍多失，官失其守，于是有齐人邹衍，为燕昭王师，居稷下，号谈天衍。《史记》称他："……睹有国者益淫侈，不能尚德，……乃深观阴阳消息，而作怪迂之变，《终始》《大圣》之篇，十余万言。其语闳大不经，必先验小物，推而大之，至于无垠；先序今以上至黄帝，学者所共术，大并世盛衰，因载其祥度制，推而远之，至天地未生，窈冥不可考而原也；先列中国名山大川，通谷禽兽，水土所殖，物类所珍，因而推之，及海外人之所不能睹。称引天地剖判以来，五德转移，治各有宜，而符应若兹。以为儒者所谓中国者，于天下乃八十一分居其一分耳；……然要其归必止乎仁义、节俭、君臣、上下、六亲之施，始也滥耳。"

陈柱据此文，以为可明邹衍的学术有四：一、其说因欲救"有国者益淫侈"而发，"其归必止于仁义、节俭、君臣、上下、六亲之施"。于此可见他为学的宗旨。二、他始用归纳法，验之于小物，得其同然，然后用演绎法以推他物，故曰："必先验小物，推而大之，至于无垠。"于此可见他的治学的方法。三、"先序今以上至黄帝"，"至天地未生"。可以知道他曾应用他的治学方法以说古史。四、"先列中国名山大川"，

"因而推之，及海外人之所不能睹"。可知他曾应用他的方法以说地理。陈柱又以其学先重实验而后演绎，与科学方法相近，与阴阳、主运、神仙、方士之说当绝不同，因疑"称引天地剖判以来，五德转移，治各有宜，而符应若兹"二十一字为后人所妄加。然《汉志》除《邹子》四十九篇外，尚有《邹子始终》五十六篇，所谓"始终"者，即指"五德相始终"。如言炎帝之王以火德，黄帝之王以土德，少昊之王以金德。夏德在水，故尚玄；殷德在金，故尚白；周德在火，故尚赤。秦灭周，以水克火，故秦为水德；汉胜秦，以土克水，故汉为土德。由此以言，邹衍之学，当不能谓之为全用科学方法了。

著《邹奭子》十二篇的邹奭，亦齐国人。《史记》称他"著书言治乱之事"，又说他"亦采邹衍之术以纪文"，"故齐国颂曰：……雕龙奭"。可见他与邹衍同派，特言过其文。他若公梼生《终始》十四篇，班固自注谓"传邹奭《终始书》"。可见奭亦有与衍作同名的《终始书》，更足证实二人为同派。

阴阳家的学说，因著作全失，实难明白它的真相。虽邹衍的学说，尚可考见于《史记》；然邹氏之学，实超出阴阳家的范围，不能代表阴阳家全部学说。在中国思想史上很有地位，而且支配了数千年国人心理的阴阳学说，反至淹没难明，不可不算是学术上的"咄咄怪事"！

对于阴阳家的批评，自以司马谈《论六家要旨》所论为最精。他说："尝窃观阴阳之术，大祥而众忌多，使人拘而多畏。然其序四时之大顺，不可失也。……夫阴阳、四时、八位、十二度、二十四节，各有教令，顺之者昌，逆之者不死则亡，未必然也。故曰：使人拘而多畏。夫春生夏长，秋收冬藏，此天道之大经也。弗顺则无为天下纪纲，故曰：四时之大顺，不可失也。"

【问题】

（1）何谓"阴阳"？

（2）阴阳家的来源和派别怎样？

（3）《汉书·艺文志》所载阴阳家有哪几家？

（4）春秋时的阴阳家怎样？

（5）邹衍的思想和他的治学方法怎样？有何著作？

（6）《邹奭子》的内容和思想若何？

（7）司马谈对于阴阳家的批评怎样？

四、法家

"法"字历来都解作刑罚之义，然而法家的要旨，却在于怎样使刑罚之权不坠。古时礼、法并称，二者实相贯通。至管仲主以法治国，法始专就刑罚言。然由此可见法家本起于礼，正和学校之内，先有种种应守的规则，而后乃有赏罚的规则一样。礼不足治，而后有法；礼流而为法，所以礼家流为法家，荀卿的门人李斯、韩非皆流而为法家了。

尹文子以为："法有四呈：一曰不变之法，君臣、上下是也。二曰齐俗之法，能鄙（犹言能否）、同异是也。三曰治众之法，庆赏、刑罚是也。四曰平准之法，律、度、权、衡是也。"此四法，一为定名分之法，二为考核之法，三为赏罚之法，四为标准之法。至儒家所谓礼义之法，法家却不之言及。

陈柱分法家为五派：一为尚实派，主重实业，如李悝尽地力之教，商君重农战之法，管仲兴鱼盐之利都是。二为尚法派，如商鞅是。三为尚术派，如申不害是。法与术的分别："术为主之所执，法为官之所司。"故法之作用在公开，术之作用在秘密。四为尚势派，如慎子是。慎子曾云："尧为匹夫，不能治三人；而桀为天子，能乱天下。……由此观之，贤智未足以服众，而势位足以诎贤者也。"五为大成派，如韩非集诸派之大成是。

法家的著作，据《汉书·艺文志》所列，在周、秦时有如下五家，为《李子》三十二篇，《商君》二十九篇，《申子》六篇，《慎子》四十二篇，《韩非子》五十五篇。其中《李子》原书已亡，《韩非子》全存，余三书都是残存。

李子名悝，魏文侯之相，所著《李子》三十二篇，亡佚已久。《晋书》尝称："悝撰次诸国法，著《法经》，商君受之以相秦。"又云："悝……以为王者之政，莫急于盗贼，故其律始于盗贼，盗贼须劾捕，故著《网》《捕》二篇。……"据此，可知悝又著有《法经》，其要主于捕盗贼。书凡六篇，其目略具于《唐律》。

商君名鞅，与申子并称"申、商"，由魏入秦，《史记》说他说孝公，始以帝道而未悟，继以王道而仍未入，终说以霸道而善之，于是变法修刑，内务耕织，外劝战死。然元气潜伤，百姓刍狗，究无补于治道。司马迁以其天资刻薄，讥其"少恩"。《商君书》又名《商子》，原二十九篇，今存二十四篇，为《更法》《垦令》《农战》《去强》《说民》《算地》《开塞》《壹言》《错法》《战法》《立本》《兵守》《靳令》《修权》《徕民》《赏刑》《画策》《境内》《弱民》《外内》《君臣》《禁使》《慎法》及《定法》。注解本以朱师辙《商君书解诂》最便观览。

申子名不害，京人。与商君并称"申、商"；又与韩非并称"申、韩"。本为郑之贱臣，后为韩昭侯之相，终其身诸侯不敢侵韩。其学主刑名，故循名以责实，尊君卑臣，崇上抑下。书凡六篇，已亡于南宋时。其篇目之可考者，为《三符》《君臣》《大体》三篇。马国翰有辑本，但搜辑犹未尽。王时润更有辑佚文。

慎子名到，赵人。《史记》称他"学黄老道德之术，因发明序其指意，"故著《十二论》。《汉志》称他："先申、韩，申、韩称之。"所以他是合道、法为一家的。所著书本为四十二篇，今存五篇，为《威德》《因循》《民杂》《德立》及《君人》。然每篇只寥寥数行，亦已非原本之旧。

韩非为韩国的诸公子，与李斯同师从荀卿。喜"刑名法术"之学，而归其本于黄、老。曾以书干韩王，王不用；乃观古来得失之变，作《孤愤》《五蠹》《内外储》等五十五篇，计十余万言。秦王见而悦之，急攻韩，得非。李斯自以为不如非，进谗于秦王，下吏，馈药使自杀。非的学术，随时而变；先习儒家，继学黄、老，后乃堕入法家。在法家中，又集诸派之大成。他受实业派的影响，故主尚实；受商鞅的影响最深，故主尚法，而做了他学术的中坚；受申不害的影响，故主尚术；受慎子的影响，故主尚势。他对于法，重"严"，重"必"，重"一"；"严"者严密，"必"者必行，"一"者统一。因为法必须严密，而后民始重视；法出必行，而后民知畏惧；又须统一公平，而后民才悦服。这样的法，实为当时"刑罚不中""令出不行""法律不公"时代的对症发药。

今本《韩非子》凡五十五篇，与《汉志》所称同。但第一篇《初见秦》，亦见《战国策》，乃是张仪说秦王的话，所以劝秦王攻韩，不知何故厕入此书。司马光不察，谓非欲覆宗国，则岂不与第二篇《存韩》自相矛盾？以此推之，其他各篇亦难定其必为原作。五十五篇之目，为《初见秦》《存韩》《难言》《爱臣》《主道》《有度》《二柄》《扬权》《八奸》《十过》《孤愤》《说难》《和氏》《奸劫弑臣》《亡征》《三守》《备内》《南面》《饰邪》《解老》《喻老》《说林上》《说林下》《观行》《安危》《守道》《用人》《功名》《大体》《内储说上》《内储说下》《外储说左上》《外储说左下》《外储说右上》《外储说右下》《难一》《难二》《难三》《难四》《难势》《问辩》《问田》《定法》《说疑》《诡使》《六反》《八说》《八经》《五蠹》《显学》《忠孝》《人主》《饬令》《心度》《制分》。注释本以王先慎《韩非子集解》最通行，然不很精审。

司马谈《论六家要旨》，以为："法家严而少恩，然其正君臣、上下之分，不可改矣。……法家不别亲疏，不殊贵贱，一断于法，则亲亲尊尊之恩绝矣。可以一时之计，而不可长用也，故曰严而少恩。若尊主卑臣，明分职不相逾越，虽百家弗能改也。"

【问题】

（1）何谓"法家"？

（2）法家的来源怎样？

（3）法家有何派别？

（4）《汉书·艺文志》所载法家有哪几家？

（5）《李子》的内容怎样？

（6）《商君书》的内容和思想怎样？

（7）《申子》的内容和思想怎样？

（8）《慎子》的内容和思想怎样？

（9）《韩非子》的内容和思想怎样？

（10）司马谈对于法家的批评怎样？

五、名家

"名"字的本义，据《说文解字》，则是："名，自命也，从口、夕。夕者，冥也，冥不相见，故以口自名。"人既以名自别，引而申之，万物本无名，无所分别，不得不为之制名。名定而万物有别；循名以责实，而万物乃藉以不乱。《老子》所谓"无'名'，天地之始；有'名'，万物之母"，孔子所谓"名不正，则言不顺"，即属此意。

"名"的分类，各家不同。墨子分为"达名""类名"及"私名"三类。尹文子则分为"命物之名""毁誉之名"及"说谓之名"。这是广义的分法。荀卿以为"'刑名'从商，'爵名'从周，'文名'从礼，'散名'之加于万物则从诸夏之成俗曲期"。他的定义较前二者为专。《汉志》所称"名家者流，盖出于礼官"之"名"，即荀子所谓"文名"，仅属四名之一。然名家所致力的却在"散名"。"散名"散在人间，随俗而异，最易淆乱，故名家以术正之，与礼官所司无关。

名家在先前本非独立成家，仅为各家的附庸。如管子、韩非以法谈名；荀子以儒家谈名；墨子以墨家谈名；尸子、吕子以杂家谈名。至惠施、公孙龙辈出，始特重于名，贯彻初终，成一家之言，乃始有所谓名家。自来追溯名家来源，或以为出于孔子所谓的"正名"；或以为出于法家所言"名实"；或以为出于"别墨"；或以为出于道家"玄虚"的一派：这都因他们不明白名家本不独立而为诸家的附庸的缘故。我们如果一定要说出它的来源，那么道、法、儒、墨都是它的前身，绝不能专指定某家某派。

《汉书·艺文志》列周、秦名家凡七，为《邓析》二篇，《尹文子》一篇，《公孙龙子》十四篇，《成公生》五篇，《惠子》一篇，《黄公》四篇及《毛公》九篇。此七家中，前三家今尚有存书，后四家书都已佚亡。但前三家中，《邓析》书可疑处甚多，《尹文子》则决为伪作，《公孙龙子》亦仅残存十之三四。所以名家的书，现在已无完全的原本可读。

邓析，郑人，与子产同时。刘向说他："好刑名……操两可之说，设无穷之辞。"《淮南子》说他："好辩而乱法。"所以后来为子产所杀。今本《邓析子》亦为二篇，与《汉志》同，篇目为《无厚》与《转辞》。其文节次不相属，似为掇拾之本。吕思勉疑系南北朝时人采掇周、秦古书，间窜己意而成。

尹文子，齐国人。《汉志》称他："说齐宣王，先公孙龙。"刘向说他："与宋钘俱游稷下。"他的主张，大半由道归于名、法，故亦可列入法家。他主"正名定分"，所以把"名"分作三种；以为"名"各有专，才可以定"分"。其书《汉志》称一篇，今本作《大道》上下二篇。罗膺中考证他原来就是一卷，本没有《大道》上下的分别。唐钺提出可疑之点十项，判定今本《尹文子》是伪书。

公孙龙字子秉，赵人。以"坚白"之辩鸣于时。初为平原君门客，平原君信其说而加以厚待。后齐国使者邹衍过赵，平原君以问衍，衍以为有"害大道"，平原君遂黜去他。他又与魏国公子牟相友善，其说乃大行。公孙龙全部学说，可以"白马""指物""通变""坚白"四论概括。"白马""指物"二论，离名实的连络；"通变论"离物质的连络；"坚白论"离智识的连络。换言之，他是用名学以破除世俗一切的常名，推翻世俗一切的常识。故庄子说他："饰人之心，易人之意，能胜人之口，不能服人之心。"

《公孙龙子》原有十四篇，今存六篇，为《迹府》《白马》《指物》《通变》《坚白》及《名实》。姚际恒以其不载于《隋书·经籍志》，定今本为伪书。殊不知《隋志》道家有《守白论》，即为本书的别名。今本的六篇，除《迹府》篇外，都为龙所自著。注解的本子很多，大约以王琯《公孙龙子悬解》及金受申《公孙龙子释》为最精审。

惠施，宋国人，与庄子同时，曾为梁惠王相。所著《惠子》今已佚，但其学说很多散见于《庄子》中。《天下篇》

说:"惠施多方,其书五车。"可见他著作的丰富。其学大抵以反人为要,所以庄子说他"其道舛驳,其言也不中"。惠施历物之意,可分为十事:一、至大无外,谓之大一;至小无内,谓之小一。二、无厚不可积也,其大千里。三、天与地卑,山与泽平。四、日方中方睨,物方生方死。五、大同而与小同异,此之谓小同异;万物毕同毕异,此之谓大同异。六、南方无穷而有穷。七、今日适越而昔来。八、连环可解也。九、我知天下之中央,燕之北,越之南,是也。十、泛爱万物,天地一体也。当时辩者之徒,与惠施相应者,可分为二十一事,为卵有毛;鸡三足;郢有天下;犬可以为羊;马有卵;丁子有尾;火不热;山出口;输不辗地;目不见;指不至,指不绝;龟长于蛇;矩不方,规不可以为圆;凿不围枘;飞鸟之影,未尝动也;镞矢之疾,而有不行不止之时;狗非犬;黄马骊牛三;白狗黑;孤驹未尝有母;一尺之捶,日取其半,万世不竭。把以上惠施十事及辩者之徒二十一事,合而观之,可以明白此派学说,确专与常识相反,而与公孙龙子为一派。

司马谈《论六家要旨》,评论名家得失,很是中肯。他说:"名家使人俭而善失真,然其正名实,不可不察也。……名家苛察缴绕,使人不得反其意,专决于名而失人情,故曰:使人俭而善失真。若夫控名责实,参伍不失,此不可不察也。"

【问题】

（1）何谓"名"？

（2）"名"分为哪几类？

（3）名家的来源怎样？

（4）《汉书·艺文志》所载名家有哪几家？

（5）《邓析子》的内容和思想怎样？

（6）《尹文子》的内容和思想怎样？

（7）《公孙龙子》的内容和思想怎样？

（8）《惠施》的思想怎样？

（9）司马谈对于名家做何批评？

六、墨家

"墨家"的"墨"字，并不是指姓，乃是指学派的名称。"墨"本训"黑"，引申之为"瘠墨"，为"绳墨"，所以所谓"墨"，乃是"垢面囚首""面目黎黑"的意思。因为墨家之学，出于夏禹，夏道尚质，禹尤以质著。孔子称禹："菲饮食，恶衣服，卑宫室。"庄子称禹："操橐耜，……腓无胈，胫无毛，沐甚雨，栉疾风。"列子称禹"身体偏枯，手足胼胝"。吕不韦称："禹忧其黔首，颜色黧黑，窍藏不通，步不相过。"可见禹的为人，实尽俭苦之极。墨家巨子墨翟也以自苦为极，就是反对他的孟子也称他："摩顶放踵，利天下为之。"所以说墨学出于夏禹，绝非无故。今人胡怀琛以印度人目墨子，把墨家好处一笔抹杀，亦浅视墨子了。

　　墨家之学，至墨子而大成。但周成、康时有史佚，著书二篇，《汉书·艺文志》亦列入墨家。可见墨家的起源，远在墨子前数百年。墨既为派名而非姓，何以墨家的墨翟可称墨子，而儒家的孔子不能称儒子，道家的老聃不能称道子呢？陈柱以为："墨之始固为学术之名，墨子喜其学，因以为姓。故既得名学术为墨家，亦得称其人为墨子。"此说甚当。当墨子在时，墨学并不分派。墨子之后，才有派别可言。《庄子·天下篇》："相里勤之弟子，五侯之徒；南方之墨者，苦获、己齿、邓陵子之属，俱诵《墨经》。"顾实以为苦获等既为南方的墨者，相里勤的弟子及五侯之徒与之对称，当为北方的墨者。由是言之，则当时墨家已分为南、北二派。但据《韩非子》，则云："自墨子之死也，有相里氏之墨，有相夫氏之墨，有邓陵氏之墨，取舍相反不同，而皆自谓真……墨。"据此，则当时之墨，又分为三派。俞樾以为今本《墨子》中《尚贤》《尚同》《兼爱》《非攻》《节用》《节葬》等皆分为上中下三篇，字句小异，而大旨无殊，或即为此三派相传之本所合成。照这样看来，似以分为三派之说较确。墨学既以振世救弊为主，后来又变而为游侠一派。《韩非子》所谓"侠以武犯禁"，即指此派。故文字上的墨派虽今已消亡，而它在社会上的潜势力却永永不灭。

《汉书·艺文志》所收墨家所著书，计共六家，为《尹佚》二篇，《田俅子》三篇，《我子》一篇，《随巢子》六篇，《胡非子》三篇，《墨子》七十一篇。今前六家已佚，《墨子》亦为残存之书。但前六家中，除《我子》外，犹都有马国翰的辑本。

墨子名翟，姓墨氏。江瑔疑翟为其姓，而冠以所奉的学派，故曰墨翟，因当时确有与此类似的称谓。他是鲁国人，仕宋为大夫。其年较后于孔子。公输般为楚造云梯，将以攻宋。墨子在鲁闻之，行十日十夜至郢，劝其止攻。二人因在楚王前较技，公输般九攻而墨子九拒，卒不能胜，遂罢攻。有弟子禽滑釐等三百人，奔人之难，虽蹈火不辞。孙诒让以为："其学务不侈于后世，不靡于万物，不晖于数度，以绳墨自矫，而备世之急，作为《非乐》，命之曰《节用》，生不歌，死无服……泛爱、兼利而非斗，好学而博不异……又曰：《兼爱》《尚贤》《右鬼》《非命》……以为儒者礼烦扰而不悦，厚葬靡财而贫民，久服伤生而害事。故背周道而用夏政。亦道尧、舜，又善守御，为世显学。"

《墨子》原为七十一篇，宋时亡八篇，为六十三篇。今仅存五十三篇，分为十五卷，其目为：《亲士》《修身》《所染》《法仪》《七患》《辞过》《三辩》（以上为第一卷），《尚贤》（上、中、下）（以上为第二卷），《尚同》（上、中、下）（以上为第三卷），《兼爱》（上、中、下）（以上为第四卷），《非攻》(上、中、下)(以上为第五卷),《节用》(上、中)、《节葬》(下)(以上为第六卷),《天志》(上、中、下)(以上为第七卷),《明鬼》(下)、《非乐》(上)(以上为第八卷),《非命》(上、中、下)、《非儒》(下)(以上为第九卷),《经》(上、下)、《经说》(上、下)(以上为第十卷),《大取》《小取》《耕柱》(以上为第十一卷),《贵义》《公孟》(以上为第十二卷),《鲁问》《公输》(以上为第十三卷),《备城门》《备高临》《备梯》《备水》《备突》《备穴》《备蛾傅》(以上为第十四卷),《迎敌祠》《旗帜》《号令》《杂守》(以上为第十五卷)。其宗旨所在,见前三十余篇。自《经上》以下六篇,为"名家"言。《备城门》以下十一篇,为古"兵家"言。其注释本以孙诒让《墨子闲诂》为最精;其言名学一部分,可读胡适《小取篇新诂》(载《胡适文存》)及梁启超《墨经校释》。

司马谈《论六家要旨》评墨家云:"墨家俭而难遵,是以其事不可徧循;然其强本节用,不可废也。……墨者亦尚尧、舜道,言其德行,曰:'堂高三尺,土阶三等,茅茨不翦,采椽不刮,食土簋,啜土刑,粝粱之食,藜藿之羹,夏日葛衣,冬日鹿裘。'其送死,桐棺三寸,举音不尽其哀,教丧礼必以此为万民之率,使天下法。若此则尊卑无别也。夫势异时移,事业不同,故曰俭而难遵。要曰强本节用,则人给家足之道也。"他以"俭而难遵"为墨家之短,其实正是墨家的特长。

否则单讲"强本节用"，又何贵有墨家？

【问题】

（1）何谓"墨"？

（2）墨家的来源怎样？

（3）墨家有何派别？

（4）《汉书·艺文志》所载墨家有哪几家？

（5）《墨子》的内容和思想怎样？

（6）司马谈对于墨家的批评怎样？

七、附——杂家及其他

"杂家"之学，正如《汉书·艺文志》所称，"兼儒、墨，合名、法"，兼有各家所长。大概诸子的书，不能名为一家的，都可列于"杂家"。《汉书·艺文志》录杂家二十家，其书十九遗佚。今述《尸子》《吕氏春秋》及《淮南子》三家，以见所称杂家的一斑。

尸子名佼，晋人，《汉志》误作鲁人。秦相商鞅的门客，《汉志》云："商君师之。"可见他在门客中的地位颇高贵。商鞅被诛，佼乃逃亡入蜀。所著《尸子》本为二十篇，凡六万余言。刘向说他"非先王之法，不循孔氏之术"；刘勰称他"兼总杂术，术通而文钝"。但其书在宋时已残缺。清时有辑本，凡三种。汪继培以三本参校，以《群书治要》所载为上卷，诸书称引与它相同的，分注于下；其不载《群书治要》，仅散见于诸书的为下卷；引用违误及各本误收的，别为《存疑》，附于后。其书最为流行。据辑本的内容而言，则十之七八皆儒家言，与刘向所说颇不合。

吕不韦，濮阳人。本为阳翟大贾。后来经商至赵，适秦庄襄王的庶子楚，质于赵国。他见了，说道："奇货可居也。"于是娶邯郸妓，与之有孕，献之于楚。更为楚说动安国君与庄襄王后，立其为太子。及庄襄王死，楚即位，不韦便以功封文信侯，食河南洛阳十万户。不韦既显贵，乃尽致天下的辩士，厚待他们，使人人各著所闻，集论以为《八览》《六论》《十二纪》，号为《吕氏春秋》。尝悬于咸阳市门，令有能更易一字者，赏万金，但终无人应。其书虽称"杂家"，然其中儒家言实最多。今人评他"纵谈政治，商榷道术，自成一家言"，故非其他杂家的书可比。《汉志》著录《吕氏春秋》二十六篇，与今本《十二纪》《八览》《六论》的总数相合。《十二纪》为《孟春》《仲春》《季春》《孟夏》《仲夏》《季夏》《孟秋》《仲秋》《季秋》《孟冬》《仲冬》及《季冬》。每纪又各分四目，共四十八目；《八览》为《有始》《孝行》《慎大》《先识》《审分》《审应》《离俗》及《恃君》。每览又各分七目，凡五十六目；《六论》为《开春》《慎行》《贵直》《不苟》《似顺》及《士容》。每论又分五目，凡三十目，更加上每篇的序言二十六段，所以共有一百六十目，因此亦称一百六十篇。

淮南王刘安，是汉高祖少子刘长的儿子。他为人好书，善鼓琴，不喜狗马。尝招致宾客方术之士数千人，作《内书》二十一篇，《外书》甚多。又有《中篇》八卷，言神仙黄白之术，亦二十余万言。安入朝时，献所作《内篇》，武帝爱而秘藏之。《汉书·艺文志》著录《淮南内》二十一篇，《淮南外》三十三篇；今《内书》尚存，《中篇》及《外书》均佚亡。二十一篇为：《原道》《俶真》《天文》《墬形》《时则》《览冥》《精神》《本经》《主术》《缪称》《齐俗》《道应》《泛论》《诠言》《兵略》《说山》《说林》《人间》《修务》《泰族》及《要略》。原书亦名《鸿烈》，多记"古今治乱，存亡祸福，世间诡异瑰奇之事"，所以后世文家往往称引。文辞亦"奇丽宏放"，扬雄以之与司马迁并称。注本的佳者，有刘文典的《淮南鸿烈集解》及刘家立的《淮南集证》，注者均为现代人。

杂家之外，《汉书·艺文志》所列，尚有纵横家、农家及小说家。纵横家《汉志》著录十二家，农家著录九家，小说家著录十五家，现在都已亡佚。但小说当列入文学，所以即有佚存，本讲内亦不叙述。《汉志》于《诸子略》外，又有《兵书略》《术数略》及《方技略》，后世目录学家也都列为诸子之一。

兵书中较古的著作，有《孙子》及《吴子》。兵家所叙，大抵都是"生聚训练"之术，"权谋运用"之宜，和诸子异趣。《孙子》的作者为孙武，他是战国时齐人。《史记》称他："以《兵法》见于吴王阖庐。阖庐曰：'子之十三篇，吾尽观之矣。'"《汉志》著录八十二篇，今本仅存十三篇。注本极多，自曹操以下，约近二十家。《吴子》的作者为吴起，他是战国时卫人，尝学于曾子，事魏文侯为将。又奔楚，为楚悼王相，后被杀。《汉志》著录四十八篇，今本仅六篇，亦作三卷。

术数及方技的书，一近迷信，一为专科之学。我们对于诸子学既不做专门的研究，所以不为叙述了。

【问题】

（1）何谓"杂家"？

（2）《尸子》的内容和思想怎样？

（3）《吕氏春秋》的内容和思想怎样？

（4）《淮南子》的内容和思想怎样？

（5）本讲内何以不叙小说家？

（6）兵家所讲的是什么？

（7）《孙子》的内容怎样？

（8）《吴子》的内容怎样？

第四讲

史学

第一章　总　论

一、史的定义

史是什么？这是研究史学的人所必须知道的。就"史"字本来的意义讲，《说文解字》说："史，记事者也。从又，持中；中，正也。"《玉篇》则云："史，掌书之官也。"《周礼》也说："史，掌官书以赞治。"前一说以史为一种书籍的名称；后二说以史为专掌官书的职名。从这三种解释里，我们可以知道，所谓史，第一，须"中正不阿"；第二，须"有补治道"。一是指史的本质，一是指史的功用；二者合并以观，便可窥见古人对于史的观念。

但是史为什么是一种官名呢？因为古代一切学术，皆掌于官，民间不得私相传授；其用意在避免歧义，遏止乱源。史既为学术之一，自然立官以掌，而成为一种官名了。

古代称"史官"叫"史"，而称"史书"则叫"坟"，如"三坟"，为三皇之史——"典"，如"五典"，为五帝之书——"书"，如《尚书》及"春秋"。"史书"称"史"，大约始于司马迁的《史记》。但《汉书·艺文志》称《史记》为《太史公书》；可见《史记》之名，是否出于作者，尚属疑问。其后或称"纪"，或称"志"，或称"略"，颇不一致。

在未述正确的定义之前，我们来谈谈史的目的所在。刘知幾认为史的目的，在于"达道义，彰法式，通古今，著功勋，表贤能，叙沿革，明罪恶，旌怪异"。史的目的既是这样，所以梁启超说："'史'者何？记述人类社会赓续活动之体相，校其总成绩，求得其因果关系，以为现代一般人活动之资鉴者也。"吴贯因说："何谓之'史'？记载人类能发生影响之种种言动，俾得以播诸当时，传诸后世。"李守常说："史学是研究人生及其产物的文化的学问。"这三种说法，字面上虽互有歧异，而实际的意义却并无不协。

【问题】

（1）史的本义是什么？

（2）史的目的何在？

（3）历来称史书的异名有哪几种？

二、史的分类

史的来源，虽然很古，但在晋以前，史学还没有被视为独立的学科。刘歆《七略》及《汉书·艺文志》把《世本》《战国策》《史记》一类的书，附在《六艺略·春秋》的后面，虽将史的地位列得很高，但不免令人视史仅为经的附庸。晋荀勖撰《中经新簿》，分古今书籍为甲、乙、丙、丁四部，列史为丙部，史学始见独立。李充则以《史记》一类为乙部，沿用至今。宋王俭《七志》又将《史记》、杂传并入《经典志》，恢复了《七略》之旧。梁阮孝绪《七录》，重把它们分为《经典》《纪传》二录。自是以后，史部便不复再与它部并合了。

史的分类，人各不同。现在所见较古的著录，仅存《七录》。它的《纪传录》分史为十二类，为国史、注历、旧事、职官、仪典、法制、伪史、杂传、鬼神、土地、谱状及簿录。但这种分法，后代沿用的可说没有。自《隋书·经籍志》出，分史为十三门，始成为史目权威。十三门为正史、古史、杂史、霸史、起居注、旧事、职官、仪注、刑法、杂传、地理、谱系及簿录。《唐书·经籍志》及《新唐书·艺文志》即沿用它，仅改古史为编年，霸史为伪史，旧事为故事，谱系为谱牒，簿录为目录，而内容尽同。至《宋史·艺文志》虽亦分十三类，但其目已微有增损，如入起居注于编年，改杂传为传记，伪史仍称霸史，无杂史，而另增别史与史钞。《明史·艺文志》则合并节省为十类，如并编年入正史，而无霸史及目录二门。清代修《四库全书》，于史目尤多推广，兹详列其目，每类各举书名若干，及其著录部数，以见当时分类的用意，和所存史书的数量。

正史类。所录为《史记》《汉书》《三国志》等二十四史，并于每史后附录注释、补表、补遗、辨误、纠谬一类的书，凡三十七部。

编年类。所录为《竹书纪年》《汉纪》《资治通鉴》《靖康要录》等三十八部。

纪事本末类。所录为《通鉴纪事本末》《蜀鉴》《平定金川方略》《绎史》《滇考》等十九部。

别史类。所录为《逸周书》《东观汉记》《路史》《契丹国志》等二十部。

杂史类。所录为《国语》《战国策》《渚宫旧事》《松漠纪闻》等二十二部。

诏令奏议类。所录为《太祖高皇帝圣训》《唐大诏令》《包孝肃奏议》《名人经济录》等四十一部。

传记类。所录为《孔子编年》《晏子春秋》《朱子年谱》《古列女传》《明儒学案》《吴船录》《入蜀记》等凡六十部。

史钞类。所录为《两汉博闻》《南史识小录》《北史识小录》等四部。

载记类。所录为《吴越春秋》《华阳国志》《南唐书》《安南志略》等二十二部。

时令类。所录仅《岁时广记》及《月令辑要》二种。

地理类。所录为《三辅黄图》《明一统志》《新安志》《水经注》《洛阳伽蓝记》《荆楚岁时记》《大唐西域记》等一百四十四部。

职官类。所录为《翰林志》《玉堂杂记》《词林典故》《官箴》等二十一部。

政书类。所录为《通典》《唐会要》《文献通考》《大唐开元礼》《荒政丛书》《历代兵志》《唐律疏义》《营造法式》等五十六部。

目录类。所录为《崇文总目》《子略》《汉艺文志考证》《集古录》《兰亭考》等四十七部。

史评类。所录为《史通》《三国杂事》《史纠》《御批通鉴纲目》等二十二部。

至于史学家的分类，则与目录学家微有不同。刘知幾分史家为六：一为《尚书》家，二为《春秋》家，三为《左传》家，四为《国语》家，五为《史记》家，六为《汉书》家。他又以为"《尚书》等四家，其体久废；所可祖述者唯《左氏》及《汉书》二家而已"。因为《左传》为编年史，《汉书》为断代史，后人祖用得最多，所以他特别推重，称为"正史"。其他为"杂记"，凡分十流：为偏记、小录、逸事、琐言、郡史、家史、别传、杂记、地理书及都邑簿。梁启超在他的《中国历史研究法》里，论过去的中国史学界，独于纪传、编年、纪事本末、政书四体，详述其进化轨迹，加以评骘；又把其他各体，分为"供后人著史之原料者"及"制成局部的史籍者"二大类。这种分法，最为合理而又最简要。故本书所述，即以纪传、编年、纪事本末、政书四体为主，而把其他省去；唯将史评著为附录，列于四体之后。

【问题】

（1）史部独立始于何时？

（2）《七录》分史为哪几类？

（3）《隋书·经籍志》分史为哪几类？

（4）《宋史·艺文志》分史为哪几类？

（5）《明史·艺文志》分史为哪几类？

（6）《四库全书》分史为哪几类？所收为哪样的书籍？

（7）《史通》分史为哪几家？

（8）梁启超对于史的分类怎样？

三、史学的沿革

古代"结绳"以纪事，为中国有历史的开始。及黄帝立史官，命仓颉为左史，沮诵为右史，左史记言，右史记事，于是始有记载之史。周代则有太史、小史、内史、外史、御史等五官。春秋时，各国都有史官：鲁有太史，齐有南史，楚有左史，晋有太史及左史，卫有太史，虽职名不一，而所掌则皆为史事。孔子取三代史官所记，删为《尚书》，又依鲁史记作《春秋》；一属记言，一属记事，为中国古代史学上二大巨著。时又有左丘的《国语》，所记不以一国为中心，而又涉及全社会各方面；又有《世本》一书，不知作者，为《史记》的蓝本，所记除《帝系》《世家》《传》外，尚有所谓《谱》《氏姓篇》《居篇》《作篇》等类，近于近代所谓文化史的性质。这两书亦被推为史学界最初有组织的名著。

秦代以后，史职久虚。至汉武帝时，始以司马谈为太史公，位在丞相之上。谈尝据《左传》《国语》《世本》《战国策》《楚汉春秋》，接以后事，成一家之言，未成而死；他的儿子迁继为太史令，续成其志，就成空前的名著《史记》。前汉以后，王莽有柱下史；东汉有兰台令史；后又移图籍于东观，遂为史臣聚集之处。东汉班固虽尝为兰台令史，但他著《汉书》，却并非以史官资格，所以他曾因此下狱。《汉书》今虽与《史记》并列为二十四史之一，而体例不同，盖一为断代史而一属通史。他因此大受郑樵的讥诋。

古代惟史官能作史，故孔子亦仅删订《尚书》，笔削《春秋》，而非创作。私家作史，实始班固。汉代革世官之制，学术可由私家传授，前此史官专有的知识，渐为社会所公有。又因文化工具的日新，史料容易搜集，故自班固以后，私家作史，靡然成风。三国时，吴中即以专产史家著名。如谢承、韦昭、薛莹、袁晔、张温等，都被称为史才。韦昭曾著《吴书》五十五卷和《洞纪》三卷；《洞纪》是记庖牺以至建安二十五年事，可见已是一部先于《通鉴》《通志》的创作。

两晋及南北朝的文化，迭遭外族的摧残，但治史之盛，却卓越前代。晋代名著，有陈寿的《三国志》、司马彪的《续汉书》与袁宏的《后汉纪》。他若陆机、束皙、王隐父子等，亦均有编著。宋代则有范晔的《后汉书》、裴松之的《补注三国志》、何法盛的《晋中兴书》与孙冲之的《国史》等。齐则有臧荣绪的《晋书》、江淹的十志及沈约的《宋书》等。梁则有萧子显的《齐书》、吴均的《齐春秋》与何之元的《梁典》等。北魏有崔鸿的《十六国春秋》。北齐有魏收的《魏书》。北周有史家柳虬。隋开皇初，文帝勅正《魏书》，至炀帝又令群臣别撰。又诏修《齐史》。

今存诸史，唐代以前，皆为私撰而成于一人之手；唐代以后，史皆官撰而成于多人之手。唐太宗一方命史臣别修《晋书》，一方又勅姚思廉撰《梁书》及《陈书》，李百药撰《北齐书》，令狐德棻撰《周书》，魏徵等撰《隋书》，皆大开史局，广置人员，而以上述五人主其事。但私家所撰，尚有李延寿的《南史》与《北史》。又有史学家刘知幾，著《史通》一书，为我国历史学的名著。其后有杜佑，考历代的典章，成《通典》二百卷。五代晋时，刘昫因韦述旧作，增损以成《唐书》。至宋时，命欧阳修等重为编修，撰《新唐书》。又修因薛居正的《旧五代史》繁猥失实，重加修订，名曰《新五代史》。及宋中叶，司马光荟萃前史，分年排比，以十九年之力，成《资治通鉴》二百九十四卷，为编年的巨著。其后袁枢依据此书，以事为纲，成《通鉴纪事本末》一书，特创一新史体。更有大史家郑樵，博览古籍，多所发明，著

《通志》二百卷，尤多创见。元代史学，有马端临著《文献通考》，后人合《通典》《通志》，号为"三通"。又有脱脱等修《宋史》《辽史》《金史》三史。明初官修《元史》，虽由宋濂、王袆主其事，然仓促撰成，最为草略。到明末时，私人撰史又渐多。

清代学者对于史学都不敢轻易创作；所以清代史学，以用力于整理、考订、辑佚、纂集著名。如《战国纪年》《左传纪事本末》等，均为整理旧史之作。考订的书，如《十七史商榷》《廿二史札记》《廿二史考异》，群推精审。因辑佚而得见大凡的，以《世本》及《竹书纪年》二史为最著。纂集的最有价值的书，为图表一类，如《历代史表》《历代纪元编》《历代沿革图》《历代地理志韵编今释》《历代疆域图》《史姓韵编》等，都给予研究史学者以不少的便利。新史的创作，有马骕的《绎史》，自成一体。张廷玉等所撰的《明史》，则依王鸿绪《明史稿》剪裁而成，被推为二十四史中最精详的一部。更有黄宗羲的《明儒学案》，及全祖望续成的《宋元学案》，实为学术史的创始。它如《皇朝三通》《会典》《东华录》一类，尤为研究清史所必需的资料。史学家有章学诚，所著的《文史通义》，对史学尤多特别创见。

【问题】

（1）《春秋》和《尚书》有何不同？

（2）《世本》的内容若何？

（3）西汉于何时始置史官？有何名著？

（4）私家作史始于何人？

（5）断代史始于何书？

（6）三国时著名史家有哪几人？

（7）两晋南北朝的史学怎样？

（8）唐宋元明四代的史学怎样？

（9）清人的史学怎样？

第二章　各　论

一、纪传上

纪传体的史，自《隋书·经籍志》称为正史，与编年体的古史并立，历代以来，相因不废。但刘知幾却并举纪传、编年为正史。晁公武以为："'编年''纪传'，各有所长，未易以优劣论，……而人皆以'纪传'便于披阅，独行于世，号为'正史'"，殊属不当。章学诚亦云："'编年'之书，出于《春秋》，本'正史'也；乃班、马之学盛，而史志著录，皆不以'编年'为'正史'，……于义实为不安。"所以本书沿用"纪传"旧称，而不取"正史"名目。

在唐代以前，最通行的纪传体史，为司马迁的《史记》、班固的《汉书》、范晔的《后汉书》三种，其次为陈寿的《三国志》，就是所谓"四史"。自唐以后，史目递见增加，遂有所谓"十史""十三史""十七史""十八史""二十一史""二十二史""二十三史"及"二十四史"等许多名目。唐代初年，以《三国志》《晋书》《宋书》《南齐书》《梁书》《陈书》《魏书》《北齐书》《周书》及《隋书》

为"十史"。唐代中叶，复加《史记》《汉书》《后汉书》三史，称为"十三史"。到了宋代，补入《南史》《北史》二书；又改刘昫的《唐书》为《新唐书》，改薛居正的《旧五代史》为《新五代史》，成为"十七史"。元代则加《宋史》，为"十八史"。明人更加入《辽史》《金史》《元史》三史，成为"二十一史"。清代复加入《明史》，称为"二十二史"。乾隆时，下诏令增刘昫的《唐书》为"二十三史"。其后更从《永乐大典》中辑出薛居正的《五代史》，与《新五代史》并存，是为"二十四史"。自是以后，正史遂永定为纪传体史之专名，而正史的名目，亦为这二十四部纪传体史所专有了。

这二十四部史书虽同为纪传体，然有一大不同之处，就是《史记》为通史体裁，《汉书》以下二十三史为断代史体。而且《史记》为纪传体的创始者，其他诸史虽例目有异，总不能超越《史记》的范围。《史记》用本纪以序帝王，用世家以记侯国，用十表以系时事，用八书以详制度，用列传以志人物。其他诸史，帝王称纪，人士称传，可称都是一样。《晋书》改称世家为载记，《宋史》仍称世家，《辽史》则称外纪；他史均无此目。表则《后汉书》《三国志》《宋书》《南齐书》《梁书》《陈书》《魏书》《北齐书》《周书》《隋书》《南史》《北史》及《五代史》都没有；《新五代史》易称为年谱。诸史大都皆有志，惟名称不一，《史记》本称书，《新五代史》另立考，其余诸史皆称志，没有的仅《三国志》《南史》《北史》三书。

《史记》的作者为司马迁。他字子长，龙门人，是太史公司马谈的儿子。《史记》，相传是他继承父志而作。他曾循行天下，周览四海名山大川，然后吐而为书，故文章疏宕有奇气。他又因白李陵之祸而遭腐刑，下蚕室，于狱中完成此书，故书中多慨愤意气之语。全书的内容，他在《自序》里说："略推三代，录秦、汉，上记轩辕，下至于兹，著十二本纪。既科条之矣，并时异世，年差不明，作十表。礼乐损益，律历改易，兵权、山川、鬼神、天人之际，承敝变通，作八书。二十八宿环北辰，三十辐共一毂，运行无穷，辅弼股肱之臣配焉，忠信行道，以奉主上，作三十世家。扶义俶傥，不令己失时，立功名于天下，作七十列传。凡百三十篇，五十二万六千五百字。"但其中十篇，《景帝本纪》《武帝本纪》《礼书》《乐书》《律书》《汉兴以来将相年表》《日者列传》《三王世家》《龟策列传》《傅靳列传》，相传有录无书，在元帝、成帝时，褚少孙为之补入。刘知幾则以为十篇有缺佚而非全亡，褚少孙仅为之补缀成稿，其中仍多司马迁手笔。注者颇多，以宋裴骃的《史记集解》、唐司马贞的《史论索隐》、唐张守节的《史记正义》为最著。宋刻并三家为一本，尤见通行。

《汉书》为东汉时元武司马班固，续其父彪之志而作。固字孟坚，九岁能为文，长而博贯载籍。明帝以为郎，典校秘书。窦宪征匈奴兵败，固为中护军，被累入狱，瘐死。《汉书》凡一百卷，中含十二本纪，八年表，十志及七十列传。起于高祖之世，终于王莽之诛，以二百三十九年之事，纳于八十余万字之中。相传固著《汉书》，即瘐死，致此书颇见散乱。章帝时，下诏令固妹昭就东观中校辑，续成其书。所以《汉书》中八表及《天文志》几篇，都是班昭所补。是书为断代史的第一部，郑樵斥为浮华剽窃，而刘知幾又誉为精练赅密；价值高下，殊难断定。今本作一百二十卷，因其中有若干篇析为子卷，如《五行志》分为五卷，其他或分上下二卷，或分上中下三卷的缘故。唐颜师古为之注，清王先谦更为之补注，最通行于世。

《后汉书》的作者，为南朝宋宣城太守范晔。他字蔚宗，能文善书，晓音律。初为尚书郎，左迁宣城太守，不得志，乃作《后汉书》。累迁太子左卫将军，益不满，卒与孔熙先谋反被诛。《后汉书》系删取刘珍《东观汉记》及谢承、薛莹、司马彪、刘义、华峤、谢沉、袁山诸家的《后汉书》等而成。其书仅有十帝纪、八十列传，凡九十卷。以较前史，缺年表及书志两种。今本作一百二十卷，也因其中有若干篇分为子卷之故。唐高宗时，令章怀太子贤与刘讷言、格希元作注，现在的通行本即为此本。

《三国志》的作者为晋人陈寿。他字承祚，少好学，师事谯周。仕蜀为观阁令史;入晋,除著作郎,巴西中正。所著《三国志》以魏为正统,颇为后代迂阔的儒家所讥。其书凡六十五卷:《魏志》三十卷,分四纪,二十六列传;《蜀志》十五卷,为十五列传;《吴志》二十卷,为二十列传。书中无年表与书志,与《后汉书》同。到了南北朝时,宋文帝嫌其太略,便命国子博士裴松之为之补注。松之乃博采众说,分入各传中,所引的书,多至五十余种。其有讹谬乖违的地方,则出己意以辨正它。材料的丰富,竟超过原书几倍之多。

【问题】

(1)何谓正史?

(2)正史目递进的情形怎样?

(3)《史记》与《汉书》有何不同?

(4)正史的体裁都仿何书?

(5)正史的体制若何?

(6)《史记》的作者为谁? 内容若何?

(7)《汉书》的作者为谁? 内容若何?

(8)《后汉书》的作者为谁? 内容若何?

(9)《三国志》的作者为谁? 内容若何?

二、纪传中

《晋书》的作者，在唐以前，有何法盛等十八家。唐太宗以为都不完善，遂于贞观中下诏命房乔与褚遂良、许敬宗等再加撰次。诸人乃据臧荣绪的旧书，加以增损。其后，又命李淳风、李义府、李延寿等十三人，分掌各种著述；敬播等四人，考正类例。参与其事的共二十一人。是为史书众修的开始。全书有帝纪十，志二十，列传七十及载记三十，凡一百三十卷。总计西晋共四帝，凡五十四年；东晋共十一帝，凡一百〇二年。又以胡、羯、氐、羌、鲜卑等五族，割据中原，分为五凉、四燕、三秦、二赵与夏、蜀等十六国。它的体例，较前史少年表而多载记一门。今通行本附有唐何超《晋书音义》。

《宋书》为南朝文学家沈约所撰。南齐武帝永明元年，约奉诏修撰此书，至次年二月，全书告成。此书的材料，均取徐爰旧作。惟徐作起于晋义熙之初，迄于宋孝武帝大明之末；永光以后至亡国时十余年中之事，都为沈约所补。全书有本纪十，志三十，列传六十，凡一百卷。据《梁书·沈约传》，则当有表，但今本中没有，想已散佚。

《南齐书》的作者为梁人萧子显。原书《梁史》及《南史·萧子显本传》均称有六十卷，今仅存五十九卷，为纪八，志十一，列传四十。北宋时刻本尚载有《进书表》，今本亦佚去。又，今本《文学传》无叙，《州郡志》及《桂阳王传》均有阙文，实非完善之本。

《梁书》共五十六卷，凡分本纪六，列传五十。唐贞观三年，姚思廉奉诏与魏徵同撰。《史通》则谓"姚察有志撰勒，施功未周；其子思廉，凭其旧稿，加以新录，述为《梁书》五十六卷"。故今本二十六卷之后，均题有"陈吏部尚书姚察"字样。《梁书》前此已有沈约、周兴嗣、鲍行卿、谢昊等相承撰录，但均佚亡于梁亡之际。思廉撰此书，历时在七载以上，用力可称勤且笃了。

《陈书》的作者，亦为姚思廉。在姚书以前，有顾野王、傅縡、陆琼均作陈史。姚察就诸书加以删改，未成而死。思廉时为著作郎，适奉诏撰《梁书》《陈书》二史，于是依据他父亲的旧稿，复加入新材料，始告成功。全书共三十六卷，计本纪六，列传三十。其二三两卷后，亦题"陈吏部尚书姚察"字样，知为察的原稿。其余大概都出于思廉之手。

《魏书》为北齐时尚书右仆射魏收所撰。全书原有本纪十二，志十，列传九十二，凡一百十四卷。至宋时，其中有二十九篇，亡佚不全。今本分为一百三十卷，为宋人刘恕、范祖禹等所校定。在魏收以前，魏史官崔浩、邓渊、高允等已作编年书，但都不传。其后李彪、崔光、邢峦、崔鸿、王遵业续有所作。收奉诏修《魏书》，乃博访百家的谱状，搜采朝野间的逸闻轶事，故包举甚广。但此书党齐毁魏，论述颇多不平，向有"秽史"之目。

《北齐书》为唐太子舍人李百药所撰，凡本纪八，列传四十二，共五十卷。百药父德林，在北齐的时候，尝著述纪传。及唐太宗下诏令群臣分修诸史，百药乃续父志，辑成此书。书的体制，略仿范晔的《后汉书》，如卷后《论赞》，句极整齐，与范书很相像。但此书自北宋以后，日见散佚。现在的通行本，其缺失已经后人取《北史》补足，不是李书之旧了。

《周书》为唐国子祭酒令狐德棻所撰。唐太宗贞观中，分修梁、陈、齐、周、隋五史，其议即发自德棻。德棻却专领《周书》，与岑文本、崔仁师、陈叔达、唐俭诸人同修。全书共五十卷，凡本纪八，列传四十二。北宋时尚有全本。今本多残缺，亦已经后人取《北史》补缀。

《隋书》亦为唐代官修史的一种。唐贞观三年，下诏命魏徵等修《隋史》，历七年，成本纪、列传凡五十五卷。至其书志，则由长孙无忌续撰。《史通》则称："撰纪传者，为颜师古、孔颖达，撰志者，为于志宁、李淳风、韦安仁、李延寿、令狐德棻。"此外尚有许敬宗同修纪传，敬播同修志之说。书中亦间有题"褚遂良撰"的。可见参修是书的人很多。全书共八十五卷，凡本纪五，列传五十，志三十。其中经籍一志，在目录学上有极大的权威。

《南史》与《北史》，均为唐崇文馆学士李延寿所撰。《南史》共八十卷，分本纪十，列传七十；自刘宋起，尽陈代为止，凡一百七十年。《北史》共一百卷，分本纪十二，列传八十八；自北魏起，尽隋代为止，凡二百四十二年。二书《南史》先成，尝纠正于令狐德棻；其有乖误缺失之处，都经德棻的改定。然作者心力，似专致于《北史》；故《南史》多因仍四史旧文，而《北史》则叙事详密，首尾典赡。

【问题】

（1）《晋书》的作者为谁？内容怎样？

（2）《宋书》的作者为谁？内容怎样？

（3）《南齐书》的作者为谁？内容怎样？

（4）《梁书》的作者为谁？内容怎样？

（5）《陈书》的作者为谁？内容怎样？

（6）《魏书》的作者为谁？内容怎样？

（7）《北齐书》的作者为谁？内容怎样？

（8）《周书》的作者为谁？内容怎样？

（9）《隋书》的作者为谁？内容怎样？

（10）《南史》与《北史》的作者为谁？内容怎样？

三、纪传下

《唐书》为五代后晋时刘昫、张昭远等奉勅所撰。全书凡二百卷，计帝纪二十，志三十，列传一百五十，约一百九十万言。自宋欧阳修等撰《新唐书》，此书便废而不用。然其本流传人间，历世不绝。或因欲别于《新唐书》，故称为《旧唐书》，实则不通之至。至清乾隆时，始取以与《新唐书》并列于二十四史中，成为正史之一。《唐书》之作，实始于令狐德棻。他撰有武德、贞观两朝的《国史》八十卷。至吴兢撰《唐史》，则自开国至开元，凡一百十卷。其后韦述又就吴作笔削，成一百十二卷。自后史官于休烈、令狐峘等加以增辑，成《唐书》一百三十卷。刘昫所作，即用此书为蓝本。

《新唐书》为北宋时欧阳修、宋祁等奉勅所撰，而监修的人为曾公亮。书中列传，皆题祁名。本纪、表志，皆题修名。《宰相世系表》的作者，《宋史》以为吕夏卿，今亦题修名。与《旧唐书》的不同处，在于"事增于前，文省于旧"。全书凡二百二十五卷，计本纪十，志五十，表十五，列传一百五十；约一百七十万言。

《五代史》为北宋时薛居正奉勅所撰。全书凡一百五十卷，计本纪六十一，志十二，列传七十七，无年表。当时共与其事的，有卢多逊、扈蒙、张澹、李昉、刘兼、李穆、李九龄等；而居正实为监修。自欧阳修《五代史记》出，学者乃不专治此书。及金章宗下诏只准用《五代史记》，此书遂见废弃。历元、明至清，书渐湮没，乾隆时，令诸臣就《永乐大典》各韵中辑出，为之排纂，尚得十之八九；又考核宋人书中所引，加以摘录，遂得依照原本卷数，勒成一编。今本称《旧五代史》，盖欲别于欧阳修《五代史记》称《新五代史》的缘故。

《新五代史》是《五代史记》的异名，为北宋时欧阳修所私撰。修在世时，珍藏于家；及修死，始诏取其书，付国子监刻印。书的体制，和他史微有不同。全书凡七十四卷，计有本纪十二，家人传八，梁臣传三，唐臣传五，晋、汉、周臣传各一，死节、死事、一行传各一，唐六臣传一，义儿、伶官、宦官传各一，杂传十九，司天考二，职方考一，世家十；又十国年谱一，四夷录三。今通行本有注，为徐无党所作。

《宋史》为元代中书右丞相脱脱，亦称托克托等所撰。全书共四百九十六卷，为本纪四十七卷，志一百六十二卷，表三十二卷，列传、世家二百五十五卷。实际执笔者为欧阳圭齐、虞集、揭傒斯诸人；而脱脱、阿鲁图等仅为总裁监修。此书为自来诸史中篇幅最巨之作，然行文浅薄，叙事繁猥，与他史相比，真有霄壤的分别。

《辽史》的撰人亦为脱脱。全书凡一百十五卷，计本纪三十卷，志三十一卷，表八卷，列传四十六卷；末又附国语解一卷，合之共一百十六卷。辽时书禁甚严，国人著述如流入邻境，竟至死罪，故一经亡国，典章便澌灭无遗。当时所据，只有耶律俨及陈大任二家的书；且草草成功于一年之中，无暇旁搜博采，以致很多疏略。所附国语解体例殊善，惜多讹舛。自清乾隆时与金元二史的国语解均重为改译，于是始不失其真。

《金史》亦称脱脱撰。全书凡一百三十五卷，计本纪十九卷，志三十九卷，表四卷，列传七十三卷。末附《金国语解》一卷，乃清乾隆时所补。是卷多取材于刘祁的《归潜志》及元好问的《壬辰杂编》，故在同称为脱脱撰的三史中，号为最良。

《元史》为明初翰林学士宋濂等所撰。全书凡二百十卷，计本纪四十七卷，志五十八卷，表八卷，列传九十七卷。明洪武二年，得《元十三朝实录》一稿，便下诏修《元史》，以宋濂及王祎为总裁。自二月开局，八月而书成。但尚缺顺帝一朝，乃命欧阳佑等往北平采集遗事。明年二月，重开史局，阅六月而全书告成。书出后，即纷纷窃议；太祖更命解缙改修，竟未成功。

《明史》为清保和殿大学士张廷玉等奉勅所撰。全书凡三百三十二卷，计本纪二十四卷，志七十五卷，表十三卷，列传二百二十卷。又附目录四卷。清康熙十七年，用"博学宏词"诸臣，分别纂修《明史》，以张玉书、叶方蔼二人总裁其事。继又以汤斌、徐乾学、王鸿绪、陈廷敬、张英等诸人，先后为总裁官。当时纂修者，都是博学能文、论古有识之士。其后张玉书任撰志书和年表，陈廷敬任撰本纪，王鸿绪任撰列传。康熙五十三年，鸿绪的列传稿成，但他人的稿均未成就。鸿绪又加纂辑，至雍正元年始脱稿，表上之。雍正复命张廷玉为总裁，就鸿绪的原本，选词臣再加订正。直至乾隆初年，始得正式进呈。综计前后，历时六十年之久，才告成功。所以《明史》在二十四史中以完善见称，并不是偶然的事。

　　二十四史非成于一人，亦非成于一时，故体例殊多不同。其中志、表二类，或有或无，尤不一律。后人就其所缺，为之补作，这种成就亦很可观。较为著名的有宋钱文子《补汉兵志》五卷；熊方《补后汉书年表》十卷；清钱大昭《后汉书补表》八卷；侯康《补后汉书艺文志》四卷，《补三国艺文志》四卷；洪饴孙《三国职官表》三卷，《补梁疆域志》四卷；洪亮吉《三国疆域志》二卷，《东晋疆域志》四卷，《十六国疆域志》十六卷；钱仪吉《补晋兵志》一卷；丁国钧《补晋书艺文志》四卷；郝懿行《补宋书刑法志》一卷，《食货志》一卷；周嘉猷《南北史表》六卷；倪璠《补辽金元三史艺文志》不分卷；钱大昕《元史氏族表》三卷，《补元史艺文志》四卷。诸书或刊入丛书，或刊入作者全集，湖北官书局虽有《史学丛书》之刻，但所收不很完善。如有人能择精去芜，都为一集，附刊于二十四史正本之后，那更于学者有益了。

【问题】

（1）《唐书》的作者为谁？内容怎样？

（2）《新唐书》的作者为谁？内容怎样？

（3）《五代史》的作者为谁？内容怎样？

（4）《五代史记》的作者为谁？内容怎样？

（5）《宋史》的作者为谁？内容怎样？

（6）《辽史》的作者为谁？内容怎样？

（7）《金史》的作者为谁？内容怎样？

（8）《元史》的作者为谁？内容怎样？

（9）《明史》著作的经过和它的内容怎样？

（10）增补二十四史所缺志、表的书有哪几种？

四、编年

编年与纪传的分别，焦竑以为"'编年'者，以事系年，详一国之治体，盖本左氏。'纪传'者，以人系事，详一人之事迹，盖本史迁"。编年又称古史，盖欲别于纪传的又称为正史。但刘知幾以为编年、纪传都是正史，其说甚正；且古史的名称，亦太广泛，故本书用编年的名字，而不称为古史。

编年为最古的史体，初时的文句大抵极简，如晋人从汲冢所得的《竹书纪年》，可为其代表。书为战国时魏史官所记，起自夏禹，惜原书今复散佚，不能看到它的真相。现存最古的编年史，当推《春秋》。《春秋》乃孔子依据鲁史而作，古代史官所用的体裁怎样，可以从此书中窥见一斑。书中文句极其简短，每条最长不过四十余字，最短仅一字；每条纪事，又不相联属，故梁启超称为"账簿式的旧编年体"。

较有组织而内容丰富的新编年体，前人以为起于《左传》。但《左传》的原有组织是否如今传之本，已成为国学上一个重要的问题。在此问题未解决前，我们不能遽加论定。梁启超则以为起于陆贾《楚汉春秋》，而深惜其书的不传；殊不知《楚汉春秋》乃《新语》的别名，与《晏子春秋》等的以"春秋"题名同义，并非纪述楚、汉间事的编年史。所以新编年体的第一部书，实始于荀悦的《汉纪》。

同为编年体，还可分为历代的编年和一代的编年二体；前者属于通史，后者为断代史之流；前者始于《竹书纪年》，后者即始于《汉纪》，而以《春秋》为其滥觞。

《竹书纪年》原有十三篇，晋太康二年，盗发汲郡魏安釐王冢，得竹简书数十车，《竹书纪年》即在其中。武帝诏付秘书校缀次第，写以今文，始传于世。书中所记，最骇人听闻的，如夏启杀伯益、太甲杀伊尹、文丁杀季历等；又言夏的年祚，较殷为长。凡此种种，均与儒家旧说不相容，故其书历经删削，到宋代仅剩残余。今本乃宋以后人窜补，愈失其真。清朱右曾别辑《汲冢纪年存真》二卷，今人王国维因之，更成《古本竹书纪年辑校》一卷，稍复本来面目。然所辑仅四百二十八条，较之原书，不知还佚去多少呢！

除了《竹书纪年》外，历代的"编年"史，当以司马光的《资治通鉴》为最先，且又最著。此书系续《左传》，上起战国，下终五代，千三百六十二年间大事，按年记载，一气衔接，凡二百九十四卷。光于治平四年奉诏作书，元丰七年奏上，凡历十九年而后毕。其采用的书，正史之外，杂史多至三百二十二种。其残稿在洛阳的尚盈两屋，故非掇拾残剩者可比。参修的人，又皆为通儒硕学，如汉以前及汉属刘攽，三国至南北朝属刘恕，唐及五代属范祖禹，都能尽其所长。光门人刘安世尝为撰《音义》十卷，今已佚。南宋时注者纷纷，颇多乖谬。胡三省汇合众注，订伪补漏，为作《音注》，历三十年，稿经三失，始告成功。他又将司马光自著的《资治通鉴考异》三十卷，散入各本文之下。考异之作，本在参考各书同异，说明去取的原意，以祛后人的疑惑；其书本为单行，自后遂合为一。三省又著《释文辨误》十二卷，以正史炤《通鉴释文》之误，附刊于全书之后。清人陈景云作《胡注举正》十卷，今存一卷，参订《音注》谬误，尤多是正。《资治通鉴》有目录三十卷，释例一卷，都为司马光自撰。相传光晚年患原书浩大难读，著《通鉴举要历》八十卷，又作《通鉴节文》六十卷，现已不传。光又有《稽古录》二十卷，所纪上起伏羲，下至英宗治平之末，较《通鉴》为完备，最便于初学的检阅。

同时有刘恕作《资治通鉴外纪》十卷，计《包牺以来纪》一卷，《夏纪》《商纪》共一卷，《周纪》八卷；终于周威烈王二十三年，与《资治通鉴》相接。又有目录五卷，亦全仿《通鉴目录》的例。司马光为之作序。南宋朱熹就《资治通鉴》稍加点窜，作《通鉴纲目》五十九卷，窃比孔子作《春秋》，其书不逮光作远甚。金履祥又病刘恕《资治通鉴外纪》失之好奇，乃作《通鉴前编》十八卷，举要三卷。明人陈桱复补《通鉴前编》之遗，兼续光书，叙辽宋史事，作《通鉴续编》二十四卷。此外续光书的，有李焘《续资治通鉴长编》五百二十卷，叙北宋一祖八宗事迹。刘时举更续焘书作《续宋编年资治通鉴》十五卷，起高宗，讫宁宗嘉定十七年。明薛应旗作《宋元资治通鉴》一百五十七卷，清徐乾学作《资治通鉴后编》一百八十四卷，毕沅作《续资治通鉴》三百二十卷，都是直接上续光书。但毕沅书最为完备，所以最为通行，而其他二书皆废。

《春秋》虽记鲁国的史事，然原书系经而非史，故言一代的编年的开始，当推《汉纪》。汉献帝以《汉书》繁博难读，诏荀悦为之删订，悦乃撰《汉纪》三十卷。他自述云："列其年月，比其时事。撮要举凡，存其大体，以副本书。"又称："省约易习，无妨本书。"他的动机，本在于节钞旧书。但结构既新，遂成为创作。是书出后，学者称便，自后仿作的遂很多。著名的有张璠及袁宏的《后汉纪》各三十卷，孙盛的《魏氏春秋》二十卷，习凿齿的《汉晋春秋》四十七卷，干宝的《晋纪》二十三卷，徐广的《晋纪》四十五卷，裴子野的《宋略》二十卷，吴均的《齐春秋》三十卷，何之元的《梁典》三十卷等。然除袁宏《后汉纪》外，皆不传于世。清陈鹤有《明纪》六十卷，亦为一代的编年，今尚流传。

【问题】

（1）编年和纪传的分别怎样？

（2）古代的编年体怎样？

（3）新编年体始于何人？

（4）编年体可分哪几种？

（5）《竹书纪年》的来历和内容怎样？

（6）《资治通鉴》的内容和著作的经过怎样？

（7）司马光的著作除《资治通鉴》外尚有何书？

（8）后人续《资治通鉴》的著作有哪几种？

（9）荀悦作《汉纪》的动机怎样？

（10）和《汉纪》同性质的一代编年史有哪几种？

五、纪事本末

纪事本末与纪传、编年的不同，在于纪传以人为主，编年以时为主，而纪事本末则以事为主。纪事本末的创始人为宋袁枢。关萃祥谓"学者欲求一事之本末，原始而要终，则'编年'者患其前后隔越，'纪传'者患其彼此错陈。……袁氏枢有见于此，乃作《通鉴纪事本末》，揭'事'为题，类叙而条分，首尾详备，巨细无遗"。但考袁枢本意，不过欲省翻检之劳，为自己研究谋一方便，故钞《资治通鉴》，以事为起讫，将千三百六十余年之书，约之为二百三十九事。不意书成而成为一新体。梁启超以为"善钞书者可以成创作。荀悦《汉纪》而后，又见之于宋袁枢之《通鉴纪事本末》"。其言甚确。

《通鉴纪事本末》凡四十二卷，作者袁枢，为宋之建安人。枢依司马光《资治通鉴》，区别门目，以类排纂；每事各详起讫，自为标题；每篇各编年月，自为首尾；始于三家分晋，终于周世宗征淮南。宋孝宗见而嘉叹，以赐东宫及江上诸帅。但全书所述，仅限于政事，关于社会其他部分的事项，尚付阙如。因为作者本以钞《资治通鉴》为主，所述不容出《资治通鉴》以外，故亦无怪其然。

与袁枢同时，有章冲作《春秋左传事类始末》五卷，成书之期，仅迟于《通鉴纪事本末》九年。冲乃叶梦得的女婿，梦得深研《春秋》，故冲亦颇用心于《左传》。他乃取诸国事迹，排比年月，各以类从，使节目相承，首尾完具。《四库全书总目提要》因其成书"在枢书之后九年"，以为"殆踵枢之义例而作"。不知确否？

较后，有杨仲良的《皇宋通鉴长编纪事本末》。李焘所著《续资治通鉴长编》，卷帙繁重，仲良乃另为分门别类，编成此书。每类之中，仍以编年纪事。计太祖七卷，太宗七卷，真宗十四卷，仁宗二十四卷，英宗四卷，神宗三十四卷，哲宗二十六卷，徽宗二十八卷，钦宗六卷：共一百五十卷。每朝各有事目，目中复有子目，北宋百七十年中政制的沿革兴废，粲然具备。且李焘原书，今本已佚去徽钦二朝，赖此得以考见他的大概。仲良此作，宋、元、明三代的史志及诸家目录，均不见著录，清代编《四库全书》时亦未见。阮元得抄本进呈，为作提要，始显于世。

《宋史纪事本末》二十六卷，乃明人陈邦瞻所作。起初有礼部侍郎冯琦，欲仿《通鉴纪事本末》的例，论次宋代事迹，分类排纂，以续袁枢的书，未成而没。御史刘曰梧得他的遗稿，因命邦瞻增订成书。全书十之三为琦原作，十之七为邦瞻所增，自太祖代周，至文、谢的死，分一百九目。书中纪事，兼及辽、金，故《四库书目》以为："当称《宋辽金三史纪事》，方于体例无乖。"

邦瞻又著《元史纪事本末》，凡四卷，列目二十有七。其中《律令之定》一条，为臧懋修所增。是书根据，不出《元史》与《续纲目》二书；又于元、明间事，以为应入《明史》，故远不及《宋史纪事本末》的赅博。

《明史纪事本末》为清人谷应泰所撰，凡八十卷，每卷一目。此书成时，《明史》尚未刊定，故取材多从野史。相传张岱尝辑明一代遗事，作《石匮藏书》；应泰撰此书，乃以五百金购求其稿，岱慨然应允。应泰此书，如与取材仅囿于正史的他书相较，实有天壤之别。

高士奇因章冲的《左传事类始末》，加以推广，作《左传纪事本末》五十四卷。凡周四卷，鲁十一卷，齐七卷，晋十一卷，宋三卷，卫四卷，郑四卷，楚四卷，吴三卷，秦二卷，列国一卷，分目各如其卷数。章冲书以十二公为记，此书则以国为记，故编法略异。他所定编书的例，有补遗、考异、辨误、考证、发明五条，可见他不是专盲从原书，而曾加以一番精审的研究的。

《三藩纪事本末》四卷，为清康熙时杨陆荣所撰。是书首纪福王、唐王、桂王始末及四镇、二案，马阮之奸；次纪顺治初平浙、平闽、平粤、平江右事迹及鲁王、益王之乱，饶州死难诸人，金声桓之乱及清兵南征，何腾蛟、瞿式耜之死，孙可望、李延龄之变；次为桂王入缅，蜀乱、闽乱及杂乱。在他的凡例里，自称"搜罗未广，颇有疏漏"，颇有自知之明。

此外以纪事本末为书名的，尚有张鉴的《西夏纪事本末》三十六卷，李有棠的《辽史纪事本末》四十卷，《金史纪事本末》五十二卷。此三书，与《通鉴纪事本末》《宋史纪事本末》《元史纪事本末》《明史纪事本末》《左传纪事本末》及《三藩纪事本末》合称《九种纪事本末》，颇行于世。

此外尚有不名为"纪事本"，而其书在纪事本末一类书中占有极高的位置的，为马骕的《绎史》。此书纂录开辟至秦末的事，首为世系图、年表，不入卷数，次太古十卷，次三代二十卷，春秋七十卷，战国五十卷，别录十卷，凡一百六十卷。每事各立标题，详其始末。其事迹皆引古籍，先后排比；相类的事，别随文附注；或有异同讹舛，则为疏通辨正。故与他书排纂年月镕铸成篇者，迥不相同。其别录十卷，为《天官》《律吕通考》《月令》《洪范五行传》《地理志》《诗谱》《食货志》《考工记》《名物训诂》及《古今人表》。前九篇亦荟萃诸书之文而成，惟《古今人表》则全依《汉书》。这十篇，相当于纪传体史的表志。总之，此书搜罗繁富，语必有征，事必赅实，在同类书中，可算是"白眉"了。

【问题】

（1）纪事本末和纪传、编年有何不同？

（2）纪事本末体创于何书？内容怎样？

（3）《左传事类始末》的作者为谁？内容怎样？

（4）《续通鉴纪事本末》的著作有哪几种？内容怎样？

（5）《宋史纪事本末》的作者为谁？内容怎样？

（6）《元史纪事本末》的作者为谁？内容怎样？

（7）《明史纪事本末》的作者为谁？内容怎样？

（8）《左传纪事本末》的作者为谁？内容怎样？

（9）《三藩纪事本末》的作者为谁？内容怎样？

（10）《九种纪事本末》是指哪几种书？

（11）《绎史》的作者为谁？内容怎样？

六、政书

　　政书一目，《隋书·经籍志》分为"旧事""仪注""刑法"三类，后代的多数目录学家都依据它。旧事或称故事，亦作典故；仪注或作礼法；刑法亦作政刑，亦称法令，仅名称上略有不同。清代编《四库全书》，始据钱溥《秘阁书目》，合并为政书一门。张之洞《书目答问》就袭用他，成为四种重要史体之一。

　　政书专纪文物制度，系导源于纪传体的《书志》一门。

然纪传体大都为断代史，故所叙《书志》，如欲追叙来源于前代，则有犯体制；不叙则又原委不明，往往捉襟见肘，不能尽善尽美。于是令人感到有统括史志，别成专书的必要。唐人杜佑的《通典》，便是应这要求的第一部创作。

《通典》凡二百卷，分为食货、选举、职官、礼、乐、兵、刑、州郡及边防八门，每门又各分子目。门目的次序的先后，据他的《自序》说："既富而教，故先食货；行教化在设官，任官在审才，审才在精选举，故选举、职官次焉；人才得而治以理，乃兴礼乐，故次礼次乐；教化堕则用刑罚，故次兵次刑；设州郡分领，故次州郡；而终之以边防。"是很有意义的。所载上始黄、虞，讫于唐之天宝；肃、代以后，或有沿革，亦附载注中。此书虽名为杜佑创作，实在也有蓝本。在他之先有刘秩这个人，尝仿《周官》体制，撷拾百家旧籍，分门排比，作《政典》三十五卷。佑以为犹未详备，因补其所缺，增益新目，遂另成这部巨著。此书虽以创作推尊，然疏漏实多，而体制亦不如宋人郑樵《通志》的可取。

《通志》亦二百卷，它的体裁，和《通典》不同，为通史体。梁武帝尝勒吴均等续《史记》作《通史》六百二十卷，上自汉代的太初，下终齐代，其书不久即散佚。郑樵继为此书，凡成帝纪十八卷，皇后列传二卷，年谱四卷，略五十一卷，列传百二十五卷。其中纪、传二体，大抵删录诸史，稍有移掇，为例不纯；年谱仿《史记》诸表的例，惟间以大封拜、大政事错杂其中，亦繁漏无定；后人谓其"终是向司马迁圈中讨生活，松柏之下，其草不植"。评骘颇确。但作者平生精力所在，全在书中二十略。二十略之目，为《氏族》《六书》《七音》《天文》《地理》《都邑》《礼》《谥》《器服》《乐》《职官》《选举》《刑法》《食货》《艺文》《校雠》《图谱》《金石》《灾祥》及《草木昆虫》。其中《氏族》《六书》《七音》《都邑》及《草木昆虫》五略，都为旧史书志所无。凡读《通志》的人，都注意它的二十略而不及其他，故《书目答问》也把它列入政书一门，现代学者也都以政书看视它。二十略明代已有单刻本，可见古今人的眼光大致相近。

《文献通考》为元人马端临所撰。全书凡三百四十八卷，计《田赋考》七卷，《钱币考》二卷，《户口考》二卷，《职役考》二卷，《征榷考》六卷，《市籴考》二卷，《土贡考》一卷，《国用考》五卷，《选举考》十二卷，《学校考》七卷，《职官考》二十一卷，《郊社考》二十三卷，《宗庙考》十五卷，《王礼考》二十二卷，《乐考》二十一卷，《兵考》十三卷，《刑考》十二卷，《经籍考》七十六卷，《帝系考》十卷，《封建考》十八卷，《象纬考》十七卷，《物异考》二十卷，《舆地考》九卷及《四裔考》二十五卷。此书以杜佑的《通典》做蓝本，所以《田赋》等十九考，皆依《通典》而重加离析；惟经籍、帝系、封建、象纬、物异五考，则广《通典》所未及。章学诚评它"无别识，无通裁"，正因它不是创作的缘故。然其体制虽不及《通典》的简严，而详赡则远过于《通典》；所以它得与《通典》《通志》并列为"三通"，到现在仍相沿不废。

《通典》在"三通"中成书较前，故宋人已有续作。《宋史·艺文志》有宋白《续通典》二十卷，系咸平中奉诏所作；起唐至德初，止周显德末，凡二百余年。其书今已亡佚。乾隆时，勅诸臣撰续《续通典》一百四十四卷，起唐肃宗至德元年，终明崇祯末年；又勅撰《皇朝通典》一百卷，体制均依杜佑原书。同时又勅撰《续通志》五百二十七卷，亦止于明末，其中列传一门，较郑樵原书，略有订增；《皇朝通志》二百卷，省纪、传、年谱不作，仅为二十略，为纯粹的政书。

《文献通考》的续作，先有明人王圻的《续文献通考》二百五十四卷，其书今犹存。清高宗以其"体例糅杂，颠舛丛生"，勅命群臣重撰，书成而王圻书几废。勅撰的《续文献通考》凡二百五十二卷，分门一依马端临原书，间取王圻所作，然所存不及十一。同时又勅撰《皇朝文献通考》二百六十六卷，分门初亦依马氏原目，嗣增群庙、群祀二门，故为二十六目。这二书与马端临原作合称"三通考"。

上述"三通""续三通"及"皇朝三通"，总称为"九通"。研究的人或嫌其卷帙过繁，互多重复，乃有《三通考详节》《文献通考节要》《九通通》《二十四史九通政典类要》等节本行世；但删节适当的可称没有。

"九通"之外，如各代《会要》《会典》等书，亦为政书要籍。但"九通"各方面皆叙到，而《会要》仅专属一面，所以"九通"行，而其他诸书都可废了。

【问题】

（1）政书的来源和内容怎样？

（2）《通典》的作者为谁？内容怎样？

（3）《通志》为何种体裁？作者为谁？内容怎样？

（4）《文献通考》的作者为谁？内容怎样？

（5）何谓"三通"？

（6）《通典》有哪几种续书？

（7）《通志》有哪几种续书？

（8）《文献通考》有哪几种续书？

（9）何谓"九通"？

（10）"九通"外还有何种重要政书？

七、附——史评

史评一门，自来目录家所著录，都包含两种性质绝不相同的书籍：一种是批评史事的，一种是批评史书的。批评史事的，专对于历史上发生的事迹作评论，像《左传》的"君子曰"、《史记》的"太史公曰"以下文字即属此类。后来各纪传体史、编年体史皆沿用不废。也有著为专篇的，像贾谊《过秦论》、陆机《辨亡论》之类。宋、明以来，文人专尚空谈，于是又有史论专书，像吕祖谦的《东莱博议》、张溥的《历代史论》、王夫之的《读通鉴论》及《宋论》一类书籍出世。然均属论辩文体，与史学无关。至于批评史书的一类，不独为研究历史的基础书籍，而且也为谈史学的人所不可废。本文所述，即专主这一类。

梁启超曾说过："自有史学以来二千年间，得三人焉：在唐则刘知幾，其学说在《史通》；在宋则郑樵，其学说在《通志总叙》及《艺文略》《校雠略》《图谱略》；在清则章学诚，其学说在《文史通义》。"至于近代，梁启超的《中国历史研究法》、顾颉刚的《古史辨》、何炳松的《通史新义》，对于史学尤有崭新的贡献。

《史通》凡二十卷，计《内篇》十卷，三十九篇；《外篇》十卷，十三篇。《内篇》中《体统》《纰缪》《弛张》三篇，今已有目无书；但考《唐书》本传，已称知幾著《史通》四十九篇，可见三篇的佚失，远在修《唐书》之前。作者刘知幾，本名子元，官秘书监时，与萧至忠、宗楚客等争论史事不合，故发愤著此书。书中《内篇》皆论史家体例，辨别是非；《外篇》则述史籍源流，及杂评古人得失。他自述他作

《史通》的宗旨道:"《史通》之为书也,盖伤当时载笔之士,其义不纯;思欲辨其指归,殚其体统。其书虽以史为主,而余波所及,上穷王道,下挟人伦。……盖谈经者恶闻服、杜之嗤,论史者憎言马、班之失;而此书多讥往哲,喜述前非,获罪于时,固其宜矣。"他对于作史主张,有与众人不同者六点:一、史贵直书;二、应用当代方言;三、叙事尚简;四、可以无表;五、天文、艺文可以不志;六、篇幅不必命题;七、文人不宜作史;八、烦省不必拘泥。此种见解,颇与现代新史学家主张相近。其书有清人浦起龙为作《通释》,颇多臆改;纪昀删繁去复,成《史通削繁》四卷,流行颇广。

《通志》凡二百卷,内容已见前述。它的自述道:"凡著书者虽采前人之书,必自成一家之言。……臣今总天下之大学术而条其纲目,名之曰《略》。凡二十略,百代之宪章,学者之能事,尽于此矣。其五略,汉、唐诸儒所得而闻,其十五略,汉、唐诸儒所不得而闻也。"又云,"夫学术造诣,本乎心识,如人入海,一入一深。臣之二十略,皆臣自有所得,不用旧史之文"。他的自负颇不浅。章学诚评《通志》,谓"例有余而质不足以副"。可谓知言。

《文史通义》凡八卷,计《内篇》五卷,六十一篇;《外篇》三卷,亦六十一篇。附《校雠通义》三卷,九篇。作者章学诚,在书中自述他作书的旨趣说:"郑樵有史识而未有史学，曾巩具史学而不具史法，刘知幾得史法而不得史意，此予《文史通义》所为作也。"又云："拙撰《文史通义》，中间议论开辟，实有不得已而发挥，为千古史学开其榛芜。然恐惊世骇俗，为不知己者诟厉。"又说："吾于史学，自信发凡起例，多为后世开山。而人乃拟吾于刘知幾；不知刘言史法，吾言史意；刘议馆局纂修，吾议一家著述。"学诚以为"六经皆史"，史外无文，故名其所作为《文史通义》；他的偏见，正与古文家主张"文以载道"相同。然学诚生于二家之后，于学术大原，自有一种融会贯通的特别见地，故所论多与近代西方史学家言相暗合。胡适为作《章实斋年谱》，多所推崇；姚名达复为之增订，于他的学术更多发挥。

梁启超所著《中国历史研究法》，本是他拟作的《中国文化史》的第一卷，分为《史之意义及其范围》《过去之中国史学界》《史之改造》《说史料》《史料之搜集与鉴别》及《史迹之论次》六章。书中多新颖卓特的见解，而尤在肯以他自己治史的方法传人。顾颉刚的《古史辨》，现在已出至第四册，内容多为主张或讨论关于古史的文章。他的学术思想，来源于清崔述的《考信录》，故于辨别古代史事真伪，独有所见。至何炳松的《通史新义》，更融会古今中外史学家说于一炉，于通史之学，尤特别有所贡献。

此外如清人王鸣盛的《十七史商榷》、钱大昕的《廿二史考异》、赵翼的《廿二史札记》等书，似专为考证纪传诸史而作，实则与史评同属一类。惟彼等专门指定某种史籍发论，史评则泛论诸史短长而别抒己见，等于现代所谓史学概论，这就是他们不同的所在了。

【问题】

（1）史评可分几种？

（2）批评史事的有哪些著作？

（3）批评史书的有哪几种名作？

（4）《史通》的作者为谁？作书的动机及内容怎样？

（5）《史通》对于作史的主张若何？

（6）《通志》作者怎样的自负？

（7）《文史通义》的作者为谁？作书的旨趣怎样？

（8）《中国历史研究法》的作者为谁？内容怎样？

（9）《古史辨》的作者为谁？内容怎样？

（10）《通史新义》的作者为谁？内容怎样？

（11）专考证纪传诸史的有哪几部著作？与史评有什么不同？

第五讲

文　学

第一章 总 论

一、文的定义

在中国的古书上，文与文学是有不同的意义的。

"文"字的意义有三：一为纹画的"文"，如《说文解字》："文，错画也。"《礼记》："被发文身。"《周礼》："画绘之事，青与赤为之文。"二为纹饰的"文"，如《论语》："文质彬彬。"《广雅》："文，饰也。"《左传》："言之不文，行而不远。"三为文字的"文"，如《孟子》："不以文害辞。"《说文解字》序："依类象形谓之文。"《左传》："有文在其手。"

至于"文学"二字的意义，既与"文"字不同，也和近世所谓文学不相合。古书上的"文学"二字的意义有三：一为学科的名称，如《论语》："文学：子游、子夏。"二为研究文学的人的名称，如《韩非子》："此世之所以多文学也。"三为官吏的名称，如蒙恬做典狱官，史称"狱典文学"。

文的最普通的意义，乃指文章而言，正如章炳麟所说："以有文字著于竹帛，故谓之文。"但文章与文学不同，它是把应（用）文和艺术文合在一起，成为一切用文字连缀而成的篇章的总称。《论语》上的"辞，达而已矣"的"辞"字，意义也与文章相近。晋代学者，分文章为文、笔二种；文指纯文学，笔指杂文学。到梁萧统编《文选》，排经、子、史于文学之外，将"事出沉思，义归翰藻"的当作文，文、笔的界限就更明显地有所分别。后来刘勰著《文心雕龙》，推翻文、笔之分，唐韩愈又倡"文以载道"的谬说，于是小视诗歌，鄙弃小说，除了"明道"以外无文学了。

那么文究竟是什么呢？也就是文学究竟是什么呢？这个问题的答案，人各不同，实难确定。但比较最得当的说法，要推胡适在他的《什么是文学》一文里所说，"文学是达意表情的工具，达意达得好，表情表得妙，便是'文学'"。

【问题】

（1）"文"的本义是什么？

（2）文学的本义是什么？

（3）文章和文学有何不同？

（4）文和笔怎样分别？

（5）《文选》中所收为哪一类文章？

（6）刘勰、韩愈对于文学的功罪如何？

（7）文学的定义怎样？

二、文学的起源

文学的起源为诗歌，而诗歌实产生于文字之先。所以它产生的动机，绝不在"著之竹帛，传之万世"，而丝毫没有功利的观念。

诗歌是怎样产生的呢？人类是最富于想象和情感的高等动物。当在太古时代，他们刚从原人进化而为纯粹的人类，对付环境，渐由用手而趋于用脑，于是渐渐有了灵敏的感觉。他们受到大自然的种种赐予，不免欢喜而感激，便不期然而然地发出一种赞叹歌慕的声音，自然而和谐，流利而清亮，不但倾泻自己的快感，还可以感动他人，促成同样的快乐。这样，诗歌便产生了。

文学在起源的时候，内容是十分简单的。后来人又利用他们的想象力，创造了种种美妙的意境。他们感到大自然种种作用的神秘而不可测，遂凭他们的想象力，创造了许多事物起源说，以满足他们求知的欲望。好像盘古氏开天辟地；共工氏头触不周山，以致天倾西北，地陷东南；……都是为了要解答他们对于天地怎样起源，西北何以有高原，东南何以有海的怀疑，而用想象力创造出来的答案。自是以后，文学的内容，就逐渐丰富了。

"文学是人生的反映"这句时髦话，就是根据文学有怎样的起源而说的。

【问题】

（1）文学起源于什么？产生的动机怎样？

（2）诗歌是怎样起源的？

（3）文学的内容是怎样丰富的？

（4）为何说"文学是人生的反映"？

三、文学的分类

要明白文学的分类，先要知道四部中集部的源流，以及文选家所称为文的究竟有哪几种文体？

"集"字有"会聚"或"杂合"的意思。所以称为"别集"，大抵因为某一家著作中所辑的文章，是杂集各种学术或各种文体而成。所以经、子、史都专守一家之言，集部则反之。属于集部的书籍，《汉书·艺文志》列入《诗赋略》，荀勖《中经簿》列入丁部，王俭《七志》列入《文翰志》，阮孝绪《七录》即称为《文集录》。自《隋书·经籍志》正式以经、史、子、集分部，又把集部分为楚辞、别集及总集三类；《四库全书》更增诗文评及词曲两类，至今相沿不废。

《汉志》的《诗赋略》，分为屈原赋、陆贾赋、荀卿赋、杂赋、歌诗五类。在《后汉书》《三国志》《晋书》诸史文士诸传中，称其著作，往往说其著有诗、赋、论、议、书、记、碑、箴、颂、铭、诔等若干篇。至《文心雕龙》则分文为二十类，为论、说、辞、序、诏、策、章、奏、赋、颂、歌、赞、铭、诔、箴、祝、记、传、铭及檄。萧统《文选》分诗文为三十七类；明吴讷《文章辨体》分为五十类；徐师曾《文体明辨》分为百有余种：均不甚妥善。清姚鼐辑《古文辞类纂》，分文章为十三类，为论辨、序跋、奏议、诏令、书说、赠序、传状、碑志、杂记、箴铭、颂赞、哀祭及辞赋。曾国藩《经史百家杂钞》则分为三门十一类：一为著述门，分为论著、词赋、序跋三类。一为告语门，分为诏令、奏议、书牍、哀祭四类。一为记载门，分为传志、叙记、典志、杂记四类。吴曾祺编《涵芬楼今古文钞》，依姚鼐所分十三类，每类复分细目，共有二百十三目。张相辑《古今文综》，分为十二类，三十六纲，四百五十五目；十二类为：论著、序录、书牍、赠序、碑文、墓铭、传状、志记、诏令、表奏、辞赋及杂史。

照上面所举的种种看来，他们都仅以诗、文、词、赋为文学。现代文学家所视为站在文学正宗地位的小说与戏曲，从未被列为文学的一目。小说自《汉志》起，向列入诸子中；且所谓小说，亦仅限于琐语、杂记一类，宋人的平话及明、清的通俗演义却并不列入。至戏曲一目，为后来所产生，仅有不满千年的历史，当然尤不为人重视了。

本书斟酌古今，分为诗歌、赋、词、小说、弹词、曲六大类，而以"古文与文论"附于后。

【问题】

（1）何谓集？它的内容怎样？

（2）《汉书·艺文志》分诗赋为哪几类？

（3）《文心雕龙》分文体为哪几类？

（4）《古文辞类纂》分文体为哪几类？

（5）《经史百家杂钞》的分类法怎样？

（6）《涵芬楼古今文钞》的分类法怎样？

（7）《古今文综》的分类法怎样？

（8）小说与戏曲在过去学术上的地位怎样？

第二章　各　论

一、诗歌

　　诗歌为最初的文学，且产生于有文字之先，已见前述。它原以诵与咏为主，所以班固说："诵其言，谓之'诗'；咏其声，谓之'歌'。"但最初的诗歌仅为谣谚，《击壤歌》（这是一首现存的最古的诗）、《南风歌》《卿云歌》一类的古歌，和后代所称诗歌，全然异致。《诗经》中的《国风》，为集古歌谣的大成，所以它的风格，亦与后代诗歌不尽相同。总之，诗歌的起源为谣谚，但诗歌的正式成立，却自所谓古体诗始。

　　凡称为诗歌，必须备具四个重要条件：一为句数有定限；二为一句的字数整齐；三为句中各字平仄调和；四为句尾押韵。具有这四个条件的，始于古体诗，而完成于近体诗。古体诗又有古诗、乐府之分；近体诗亦有律诗、绝句之别。汉、魏、六朝的诗歌均为古体诗。自唐代近体诗兴，此后作者，往往各体都能写作。

　　汉、魏、六朝时，盛行五言古诗与乐府诗。古诗与乐府的分别仅在前者不曾入乐，作于文人；后者尝付之弦管，多来自民间。汉代作家，首推苏武、李陵，所作均为五言诗。汉武帝与群臣唱和，作《柏梁台诗》，不独为七言诗所始，又为联句之祖。乐府始于汉初唐山夫人作《房中乐》；迨武帝立乐府，广收各地的民歌，命李延年谱为新声，于是乐府大盛。又有《古诗十九首》，亦为最佳、最早的五言古诗，但作者姓名都佚亡。其中有若干首，或指为枚乘、傅毅所作；或云，全为建安时"曹王"所制。汉末的著名诗人，当推曹氏父子及"建安七子"。曹氏父子为操与丕、植。操诗以慷慨胜，为三人之最。"建安七子"为孔融、陈琳、王粲、徐幹、阮瑀、应场及刘桢，都是被曹氏吸引于邺下的名士。

西晋诗人，有"竹林七贤"，为阮籍、嵇康、向秀、刘伶、阮咸、王戎、山涛，以阮籍、嵇康为中心。又有所谓"二陆三张二潘一左"：二陆为陆机与陆云；三张为张华、张载与张协；二潘为潘岳与潘尼；一左为左思。相传潘岳美于容貌，每乘车出门，妇女围绕以果投之，满载而归；左思貌陋，每出常有妇女掷石于其车。东晋著名诗人，有刘琨与郭璞。琨作忼慨悲壮，璞作自然超逸。王羲之、献之父子的诗，以风流蕴藉见重。等到陶渊明出来，东晋诗坛顿时光芒万丈了。他不但作了许多思想高超、感情丰富的古诗，而且也有飘逸高超的赋辞与散文。他的《桃花源记》与《五柳先生传》，被推为后代短篇小说之祖。

南北朝诗，日趋于雕琢形式，逐渐格律化。自沈约创四声八病之说以后，诗体尤其加速地由古诗转变为近体诗了。宋诗人有谢灵运、颜延年及鲍照，人称为"谢颜鲍"，所作都是山水的清音。齐诗人除沈约外，有谢朓，好作古诗，李白曾为之倾倒。梁代萧衍父子，都爱作乐府，臣下有江淹、何逊。陈时大诗人，首推徐陵、庾信与王褒。后主好作艳曲，尤以乐府为多。

唐代为诗歌的黄金时代，空前绝后的大诗人杜甫、李白都生在这个时代。据《全唐诗》所录，作者共有两千两百余人，诗近五万首。律诗、绝句，均定体于此时。而唐诗的佳者，各体皆备，但总以近体诗为最。

唐诗可分为初唐、盛唐、中唐、晚唐四时期。自高祖武德初，至玄宗开元初一百年间为初唐。王勃、杨炯、卢照邻、骆宾王，号称"四杰"。苏味道、李峤、崔融、杜审言，时称"文章四友"。张九龄、陈子昂以古雅见称。沈佺期、宋之问号称"沈宋"，律诗到他们始全告成功。盛唐为开元初至代宗大历初，凡五十余年，杜甫与李白均在此时驰骋一时，各展所长，时称"李杜"。甫诗沉郁顿挫，政治及社会的描写都极悲壮微妙；白诗飘渺神逸，而浪漫色彩很浓厚。王维、李颀、高适、岑参，时称"四子"。维、适、参又与孟浩然并称"王孟、高岑"。崔颢、王湾、常建、贾至、储光羲、王之涣、王昌龄，均擅名在这个时代。中唐为大历初至文宗太和九年，凡七十余年。卢纶、吉中孚、韩翃、钱起、司空曙、苗发、崔峒、耿湋、夏侯审、李端，时称"大历十才子"。元稹与白居易，时称"元白"，号他们的诗体为"元白体"。他们二人诗的特点，一是文字的通俗，二是内容的真实。韦应物与刘长卿号称"韦刘"。柳宗元与韩愈以古文家而兼有诗名，号称"韩柳"。孟郊与贾岛诗被称为"郊寒岛瘦"。李贺诗被称为有"鬼才"。又有刘义、卢仝、皇甫冉、戴叔伦、李益、刘禹锡、张籍、王建，都是这时期的重要作家。晚唐为文宗开成初至昭宣帝天祐三年，凡八十余年。这时的诗，已倾向于香艳绮丽。著名的作家有李商隐、杜牧、温庭筠，时称"温李杜"；商隐与牧，亦称"李杜"。皮日休与陆龟蒙并称"皮陆"。其他有韩偓、罗隐、许浑、马戴、赵嘏、朱庆余、司空图、方干等。

宋诗虽不及唐，但不模仿唐人，故亦称特出。宋初杨亿、刘筠、钱惟演等学李商隐诗格，号为"西昆体"。林逋、魏野、潘阆等学杜牧诗，号为"晚唐体"。欧阳修、梅尧臣、苏舜钦则学韩愈诗。苏轼诗才气纵横，与陆游诗并称"苏陆体"。又与黄庭坚并称"苏黄"。庭坚诗后为江西诗派所宗，他与秦观、晁补之、张耒，号为"苏门四杰"；又与同时陈后山并称"黄陈"。四杰与陈后山、李廌又称"苏门六君子"。陆游诗悲壮沉厚，多至万余首。与杨万里、范成大并称"南宋三大家"。或增尤袤，称为"四大家"。其后有永嘉人徐灵晖、徐灵渊、翁灵舒、赵灵秀，号为"四灵诗派"，作风以平易胜。

金诗人可以元遗山为代表；元诗人有虞集、杨载、范椁、揭傒斯，号为"四大家"。但不如杨维桢之以乐府擅名。明诗人特多，但多互相标榜。真配称为诗人的，初有高启及袁凯，中有唐寅与徐祯卿，末仅有陈子龙罢了。

清初诗人，当推吴伟业与钱谦益，他们与龚鼎孳号称"江左三家"。施闰章与宋琬，号称"南施北宋"。其后有王士祯倡"神韵"之说，与兄士禄、士祜号"三王"。与士祯齐名的有朱彝尊。与"神韵说"相反的，有袁枚的"性灵说"，沈德潜的"格调说"，翁方纲的"肌理说"。袁枚主张诗是诗人性情的表现，与蒋士铨、赵翼，亦称"江右三大家"。又有舒位、王昙、孙原湘，号称"三君"。同治、光绪间，范当世、陈三立等竞学宋诗，号为"同光派"。

唐诗可称为平民的文学，因作者大部分为平民。宋、元、明、清四朝诗人，无一不是达官，没有一个平民，故被称为贵族文学。因为宋时的平民诗人都在作词，元、明的平民诗人都在作曲，清时平民诗人都在作弹词、山歌和小曲。他们在向另一方面发展，都在从事于时代的文学，所以任那旧体诗坛为贵族文学家所独占了。

【问题】

（1）何谓诗歌？

（2）最初的诗歌是什么？

（3）正式的诗歌起于何体？

（4）诗歌的主要条件是什么？

（5）诗歌的分类怎样？

（6）五言诗始于何时？

（7）七言诗始于何人？

（8）乐府始于何时？

（9）《古诗十九首》的作者为谁？

（10）汉末著名诗人有哪几人？

（11）"建安七子"为谁？

（12）"竹林七贤"为谁？

（13）"二陆三张二潘一左"为谁？

（14）东晋著名诗人有哪几人？

（15）陶潜诗文的作风若何？

（16）南北朝时诗体的转变情形怎样？

（17）"谢颜鲍"为谁？

（18）齐、梁、陈的著名诗人为谁？

（19）唐代何以称为诗歌的黄金时代？

（20）唐诗可分为哪几个时期？

（21）"唐初四杰"为谁？

（22）"文章四友"为谁？

（23）"沈宋"为谁？他们的作风怎样？

（24）张九龄、陈子昂诗的作风怎样？

（25）李杜诗有什么不同？

（26）"四子"为谁？

（27）"王孟、高岑"为谁？

（28）盛唐除李杜、"四子"等外，尚有哪几个著名诗人？

（29）"大历十才子"为谁？

（30）"元白诗"的特点何在？

（31）"韦刘"为谁？

（32）"韩柳"为谁？

（33）孟郊与贾岛诗的作风怎样？

（34）李贺诗被称为什么？

（35）晚唐的著名诗人为谁？

（36）宋诗的性质怎样？

（37）"西昆体"的作者为谁？

（38）学晚唐体的作者为谁？

（39）宋诗人学韩愈的作者有哪几位？

（40）"苏黄"与"苏陆"为谁？

（41）"苏门四杰"为谁？

（42）"苏门六君子"为谁？

（43）"南宋三大家"为谁？

（44）"四大家"为谁？

（45）"四灵诗派"的作者为谁？

（46）金诗人可以谁为代表？

（47）元代有哪几个著名诗人？

（48）明代的著名诗人为谁？

（49）清初"江左三家"为谁？

（50）"南施北宋"为谁？

（51）"神韵说"倡于何人？

（52）和"神韵说"对垒的有哪几说？

（53）"江右三大家"为谁？

（54）"三君"为谁？

（55）"同光派"的诗人为谁？

（56）唐诗和唐以后诗有什么不同？

二、赋

赋本是一种诗体，《周官》太师教六诗，赋即为其一。所以班固说："'赋'者，古诗之流也。"至于诗、赋的分别，《汉书·艺文志》说："不歌而诵谓之'赋'。"由此可见诗可以歌，赋则仅可以诵。至"赋"字的本义，正如《释名》所云："'赋'，敷也；敷布其义谓之'赋'。"它亦为《诗经》六义之一，朱熹解作"敷陈其事而直言之"。后世称作诗为"赋诗"，尤可见诗、赋关系的密切。

赋来源于《楚辞》，盛行于两汉六朝，历隋、唐而衰。《汉志》分赋为四类：一为"屈原以下二十家赋"；二为"陆贾以下二十一家赋"；三为"孙卿以下二十五家赋"；四为"杂赋十二家"。第一类为"言情之赋"，出自《楚辞》，盛行于两汉。第二类为"纵横之赋"。第三类为"效物之赋"，后来均不甚流行。第四类为"杂赋"，盛行于六朝、隋、唐。这种分类，大概以"赋"的效用为主。至扬雄所云："诗人之赋丽以则，辞人之赋丽以淫。"乃是指作者的态度。正和现代学者分文学为为人生的文学、为艺术的文学两种一样。如以赋的演变来分，那就有古赋、骈赋、律赋、文赋等的分别。古赋盛于汉代，虽丽而淫，尚不失古意；骈赋盛于六朝，重辞采而失情感；律赋盛于唐，以平仄谐和、对偶巧妙为工，置辞与情于不顾；文赋盛于宋，以散文之法作赋，专尚说理，不拘字句格律。总之，赋自当以《楚辞》为正则，自汉以后，愈趋愈下，日向衰微的路上去了。

《楚辞》是一部赋集的名称，为刘向所定，作者有屈原、宋玉、景差等。黄伯思以为："屈、宋之文，皆书楚语，作楚声，纪楚地，名楚物，故谓之《楚辞》。"所以《楚辞》可以说是楚国的文学。但是《诗经》是一部诗歌总集，为什么《国风》中没有《楚风》呢？因为楚国在南方，南方文化晚开，故春秋时的楚国尚未有文学。楚国有文学，实始于战国时。以作者论，可以谓始于屈原。屈原的著作，《汉志》著录二十五篇，今所传仅有《离骚》《九歌》《天问》《九章》《远游》《卜居》《渔父》等篇。《离骚》全篇，以十四节四十七章组成，所写都为"离别之忧愁"。《九歌》十一篇，以楚国固有的乐章润色而成。《天问》一篇，乃作者在楚先王庙题壁的文字，殊多今人不可解的神话。《九章》九篇，作于放逐之后，故其中《哀郢》《怀沙》二篇，尤见沉痛。《远游》一篇，多出世思想。《招魂》题屈原作；或以为宋玉作，以招屈原之魂，未知孰是？《卜居》《渔父》各一篇，因文中作者自设问答的口气，故或以为后人所追记。在《楚辞》中，尚有《九辩》九篇，宋玉作。《大招》一篇，景差作；或亦作屈原作。王逸本更附录汉人拟《骚》的作品，故今本《楚辞》，有贾谊的《惜誓》一篇，淮南《小山招隐士》一篇，东方朔《七谏》七篇，严忌《哀时命》一篇，王褒《九怀》九篇，刘向《九叹》九篇及王逸《九思》九篇。

汉代为赋的黄金时代，不过是就数量而说。其实汉赋已失去自然的情致，以铺张雕饰为贵，虽有几分古赋气息，比六朝为胜，但总较《楚辞》为退化。因为赋在汉代，是人主万几之暇的消遣物，与俳优一样，所以多务谄媚夸张。成帝时进御之赋有千余首，量虽可惊，实质已不可知。汉初作者，有陆贾与贾谊。较后，有枚乘。武帝爱重《楚辞》，尤礼待赋家。其时有司马相如作赋二十九篇，东方朔作赋若干篇，严忌作赋二十四篇，忌族子助作赋三十五篇，刘安作赋八十二篇，吾丘寿王作赋十五篇，司马迁作赋八篇，朱买臣作赋三篇，枚皋作赋百二十篇。武帝后著名的赋家有：刘向作赋三十三篇，王褒作赋十六篇，扬雄作赋十二篇。同时又有崔骃与冯衍，亦以能赋名。东汉时，班固以作《两都赋》著；张衡杰作，有《西京赋》《东京赋》《南都赋》等；李尤著有《函谷关》等赋；马融以作《笛赋》著；祢衡的杰作为《鹦鹉赋》；王粲的杰作为《登楼赋》；大诗人曹植所作，以《感甄》一赋最为动人，后来改名为《洛神赋》。此外赋家，尚有王逸、王延寿、傅毅、蔡邕等。举之不尽。

六朝的赋，日迈于骈。晋初竹林七贤中，阮籍著有《首阳山》等赋，嵇康有《长笛赋》等，向秀有《感笛赋》。陆机有《叹逝赋》《文赋》；潘岳有《秋兴》《怀旧》《寡妇》等赋；左思以《三都赋》著名，赋出时，洛阳为之纸贵；郭璞有《江赋》《南郊》等赋；大诗人陶潜有《闲情赋》《归去来辞》等。南北朝时，谢惠连以《雪赋》著称，谢庄著有《月赋》等，鲍照著有《芜城》等赋，江淹著有《恨赋》等，庾信的杰作为《哀江南赋》。其他如张融、徐陵、沈约、任昉、丘迟、萧衍父子，莫不以能赋擅名。

唐初仍风行骈体，但已不限于赋，故亦称骈文。四杰（王勃、杨炯、卢照邻、骆宾王）所作，都为此体。萧颖士、李华、陆贽亦以善骈文名。及韩、柳倡古文，骈文中衰。唐末，温庭筠、李商隐、段成式的"三十六体"兴，纯粹的四六文始成立，也就有了真正的律诗。

宋人以散文法著赋，且尚说理，就赋的立场说，已不复有赋存在。但其中如欧阳修的《秋声赋》、苏轼的《前后赤壁赋》，尚为鸡中之鹤。此外，王安石亦擅赋名。南宋赋家，有汪藻、洪迈弟兄、孙觌等。元、明人专仿古作，故一无足称。清初陈其年、毛西河，以工骈文著名。至尤侗，尤好以骈体为游戏文章。后来的大家，有胡天游、洪亮吉、汪中等。

总之，由辞赋变为骈文，正和古诗变为律诗一样，已走上了最后的路途了。

【问题】

（1）何谓"赋"？

（2）赋的来源怎样？

（3）《汉书·艺文志》分赋为哪几类？

（4）赋的体裁有哪几种？

（5）赋的演变大势怎样？

（6）汉代著名赋家为谁？有何名作？

（7）六朝著名赋家为谁？有何名作？

（8）唐代著名骈赋家为谁？

（9）北宋著名赋家为谁？

（10）南宋赋家有哪几人？

（11）清代著名赋家为谁？

三、词

词一名"诗余"，又名"长短句"，本是乐府的变体。"词"字的本义，为"意内言外"；后人以"调有定格，句有定言，韵有定声"的诗歌叫作词，乃由引申的意义借用，以示和古今体诗的不同。它本与诗歌为一体，由诗歌进化而成，所以有的书上把它并在诗歌一起，而系之于近体诗之后。

词的来源，共有二说，一以为"诗余"，一以为"新声"。这二说似相背而实相成。因为词的起源，确因由于五七言诗的不自由，而长短其词。又因为唱时散声的难记，遂填以实字。那么"诗余"一说，当然不差。但增改旧体诗调以填新词，仍受束缚，故又另创新调。新调愈多，旧体逐渐少用，甚至废弃不用。故"新声"之说，亦属不谬。

词，先有小令，后有中调，最后有长调。《填词名解》以为："五十八字以内为小令；自五十九字始，至九十字止为中调；九十一字以外者俱长调。"或以为词初有小令；其后引长小令，叫作引词，又叫近词；更引而愈长，乃为慢词。所谓慢，乃"曼声而歌"的意思。照此说法，那么小令、中调、长调的划分，已是多事。如更限以字数，那更毫无意思了。

最早的词，可推萧衍的《江南弄》、沈约的《六忆诗》、杨广的《望江南》，不过那时还没有引起他人的注意。中唐以后，因诗体日蔽，所以试作词的日多。前此被称为李白作的《忆秦娥》与《菩萨蛮》，那是赝品。专作词的词家，可说始于温庭筠。但他所作的词，没有编入他的别集，却赖《花间集》以传。到五代时，韦庄有《浣花词》，冯延巳有《阳春词》，词的专集始有行世。同时著名词家，有牛峤、毛文锡、欧阳炯等，作品均见《花间集》。南唐主李璟与李煜的词，尤享盛名。煜词以哀感顽艳，更为人所称道。

宋代的词，和唐代的诗一样，不愧称为极盛时代。北宋名作家有：作《珠玉词》的晏殊，作《小山词》的晏几道，他们本是父子，所作词均以情致缠绵胜。政治家兼古文家的欧阳修，也著有《六一居士词》，词多艳荡，几令人不信出于他的笔下。柳永著有《乐章集》，"凡有井水饮处，即能歌柳词"。昔人谓柳词"只好十七八女郎，按红牙拍，歌'杨柳岸、晓风残月'"，他的香艳可以想见。苏轼词以豪放称雄，较之柳永，所谓"须关西大汉，执铁绰板，唱'大江东去'"，非常的对。但他也会作香艳词，不过偶一为之罢了。秦观的《淮海词》，以婉约娟秀胜，被称为南派之宗。苏轼说："'山抹微云'秦学士，'露华倒影'柳屯田。"可见观词与永词的不同。周邦彦以音乐家而作词，艳丽细密，为婉约派大宗，著有《清真词》。李清照的《漱玉词》也以婉约胜，青春的恋火，中年后乱离孤独的悲哀，都在她词中尽量地倾泻。南宋时，陆游、范成大词亦颇有名，然不如辛弃疾的伟大。弃疾以军人而兼词家，故英爽磊落，不作妮子态，多伤时感事之调。他与苏轼并称"苏辛"。学他的人，有刘过、刘克庄等。及姜夔出，因为他是个深通音律的人，所以专务炼字琢句，而语多生硬，著有《白石道人歌曲》。吴文英的《梦窗甲乙丙丁稿》，也专究字面，语多生涩。周密的《草窗词》，亦称《蘋洲渔笛谱》，以精妙胜。他与吴文英并称"二窗"。张炎的《山中白云词》，多黯淡苍凉之作。王沂孙的《碧山乐府》，因身经亡国，语气哀痛。但他们都为古典派的词人。此外，两宋较著名的词人，有张先、朱希真、贺铸、张孝祥、向子湮、史达祖、高观国、朱淑真等，不下五六十人。

金朝作家也很多，最著名的有元好问。他以诗人而兼词家，作有《遗山乐府》。元代词家亦多，可以代表者有张翥、仇远、赵孟頫等。明初词人有高启、杨基、张綖等。至陈卧子，始以清丽婉转，成为一代大宗。

清代有词学复兴之称，词家辈出，清初吴伟业以诗人、曲家而善词家，温柔宛转一如其诗。他如作《饮水词》及《侧帽词》的纳兰容若，作《花帘词》及《香南雪北词》的吴藻，被称为清代两大词人，一凄婉而一悲壮。朱彝尊著《曝书亭词》，陈其年著《乌丝词》。二人素友好，合刻为《朱陈村词》，尤为词坛佳话。朱、陈词工于纤巧，张皋文、宛邻兄弟出而反对，所作大都沉郁疏快。其他词人，真可车载斗量，写之不尽。

宋以后的词，大都为诗人的词，不能协律，惟作长短句而已。所以历来谈词的人，往往置宋以后的词于不谈。有许多文学史上也是这样。

【问题】

（1）何谓词？

（2）词的来源怎样？

（3）词调有何分别？

（4）最早的词有哪几首？

（5）专门作词始于何人？

（6）五代的著名词家为谁？

（7）李后主词的作风怎样？

（8）"二晏"词的作风怎样？

（9）欧阳修词何以令人不信出于他笔下？

（10）苏轼、柳永词的作风有何不同？

（11）秦观、柳永词有何不同？

（12）周邦彦词的作风怎样？

（13）李清照词的内容和作风怎样？

（14）南宋初的著名词家为谁？

（15）辛弃疾的个性和他所作词的内容怎样？

（16）姜夔、吴文英、周密所作的词有何特色？

（17）张炎、王沂孙词的内容怎样？

（18）金、元、明的著名词人为谁？

（19）吴伟业词的作风怎样？

（20）清代两大词人为谁？作风怎样？

（21）《朱陈村词》的作者为谁？词格若何？

（22）反对《朱陈村词》的作者为谁？词格若何？

（23）宋以后词有何缺点？

四、小说

小说在中国，来源甚古。《汉书·艺文志》以为："出于稗官，街谈巷语、道听途说者之所造。"如淳注："细米为稗，街谈巷语，其细碎之言也。王者欲知闾巷风俗，故立稗官使称说之。"可见古人对于小说的重视。

小说之先，必为神话与传说，中外皆然。神话多记神人的行事，传说则以古英雄为主。最古的小说如《山海经》与《穆天子传》，都属神话，西王母故事即从此二书衍出。古史中则颇多传说，如夏禹治水等类。《汉志》载小说十五家，一千三百八十篇，内有虞初《周说》九百四十三篇。"小说九百，本自虞初"，可见他在汉时声名之大，而且是最早的小说专家了。

汉时至六朝的小说，内容或在更改，而其体裁均大致相同，都是琐碎的片段的记录。唐时传奇体成功，中国始有真正的短篇小说。宋代平话体兴起，小说的内容由写特殊阶级而深入一般社会，更见进步。历元、明、清三代，通俗长篇小说大盛，小说的体制遂告全备。

　　汉代小说传到现代的，有东方朔的《神异经》与《海内十洲记》，班固的《汉武故事》，刘歆的《西京杂记》，伶玄的《飞燕外传》，郭宪的《洞冥记》，赵晔的《吴越春秋》，不知作者的《汉武内传》与《杂事秘辛》等，内容尽为神仙之谈与宫闱情话。六朝作者尤多，著名的有张华的《博物志》，干宝的《搜神记》，王嘉的《拾遗记》，任昉的《述异记》，刘敬叔的《异苑》，刘义庆的《幽明录》及《宣验记》，吴均的《续齐谐记》，颜之推的《还冤志》，王琰的《冥祥记》等，所记不外神怪荒诞及轮回因果之说，与汉人小说稍异其趣。晋人裴启作《语林》，其后有刘义庆作《世说新语》，殷芸作《小说》，沈约作《俗说》，都记闻人的名言隽行和一切杂事，以趣味为主，故有异于前面所举的许多志怪小说。

　　唐代小说，组织既完备，内容也扩大，凡神仙、鬼怪、艳史、轶闻，莫不包罗尽有。后人称唐代小说为传奇，原因不详。但唐人裴铏曾作小说名《传奇》，组织与内容均与同时其他小说同，或即为后人移用之以为通名。唐人传奇可分四类：一为艳情，一为豪侠，一为神怪，一为别传。艳情一类的杰作，有蒋防的《霍小玉传》，元稹的《会真记》，白行简的《李娃传》，许尧佐的《章台柳传》，陈玄祐的《离魂记》，于邺的《扬州梦记》，房千里的《杨娼传》等。豪侠一类，有段成式的《剑侠传》，杨巨源的《红线传》，薛调的《无双传》，杜光庭的《虬髯客传》，裴铏《传奇》中的《昆仑奴》与《聂隐娘》，柳珵的《上清传》等。神怪的故事，有张鹭的《游仙窟》，沈既济的《枕中记》与《任氏传》，李公佐的《南柯太守传》《谢小娥传》《庐江冯媪传》及《古岳渎经》，王度的《古镜记》，无名氏的《江总白猿传》，李景亮的《李章武传》等。至如李朝威的《柳毅传》，沈下贤的《湘中怨》《异梦录》及《秦梦记》，裴铏《传奇》中的《裴航》与《崔炜传》等，则都是艳情兼神怪的著作。别传则有韩偓的《海山记》与《迷楼记》，郭湜的《高力士传》，曹邺的《梅妃传》，陈鸿的《长恨歌传》，无名氏的《李卫公别传》等。以上诸传奇，大多为元曲家取作题材，故影响于后代戏剧者甚大。

至宋代乃有白话小说，亦称诨词小说，又名平话，又名话本，为当时说话人所用的底本。说话即现代所谓说书。说话情形，可于《说岳全传》中大相国寺一段所写，见其一斑。在宋以前，唐人的《唐太宗入冥记》《秋胡小说》等，已为白话小说。至宋代而稍进步。宋人所作，今仅存四种，为《大宋宣和遗事》《大唐三藏取经诗话》《新编五代史平话》及《京本通俗小说》残本。说话本分四科，为小说、谈经、讲史、商谜。宋代四科皆备，宋以后则惟小说、讲史二科称盛。元人所作，今见讲史五种，为《武王伐纣书》《乐毅图齐七国春秋后集》《秦并六国》《吕后斩韩信》(前汉书续集)、《三国志平话》，都称为平话，今仅《三国志平话》有流通本。考其书名，数目当不止此。且由此可见元人所作的讲史，确是不少。

明、清二代，称为通俗小说勃兴时代，作者盛极一时。施耐庵、罗贯中虽称元人，但明初尚在。他们所作的《忠义水浒传》及《三国志通俗演义》，与王世贞的《金瓶梅》，吴承恩的《西游记》，称为"四大奇书"。《西游记》又与罗懋登的《三宝太监下西洋记通俗演义》，并称"西游、西洋"。此外明人作品，有《好逑传》《玉娇梨》《平山冷燕》，今国外都有译本。又有《封神演义》《东周列国志》《精忠说岳传》等，均不知作者姓氏。明人又好作短篇小说，著名的有冯梦龙的《喻世明言》《警世通言》及《醒世恒言》，总名为"三言"，共有小说一百二十篇。凌濛初作《初刻拍案惊奇》与《二刻拍案惊奇》，总称为"两拍"，共载小说八十篇。"三言""两拍"完全出世后十余年，有抱瓮老人嫌其卷帙繁重，乃选刻四十篇，名为《今古奇观》，今犹盛传。此外犹有《醉醒石》《欢喜冤家》《石点头》《清平山堂话本》等，不下数十种。清人李渔亦好作短篇，有《无声戏》（一作《连城璧》）与《十二楼》。杜纲有《娱目醒心编》。不知作者的《西湖佳话》与《今古奇闻》，亦见盛行。清代著名的长篇小说，各体皆备。讽刺小说有吴敬梓的《儒林外史》，李伯元的《官场现形记》，吴趼人的《二十年目睹之怪现状》，刘鹗的《老残游记》，曾朴的《孽海花》。人情小说有曹霑的《红楼梦》，原名《石头记》，又名《金玉缘》，一名《情僧录》，或名《风月宝鉴》，又名《金陵十二钗》。原作仅八十回，后四十回为高鹗续作。续书甚多，有《后红楼梦》《红楼后梦》《续红楼梦》《红楼梦补》《红楼复梦》《倚楼重梦》《红楼幻梦》等，不下二十余种。写优伶妓女的小说，有陈森的《品花宝鉴》，魏子安的《花月痕》（亦名《花月姻缘》)，俞达的《青楼梦》，韩子云的《海上花列传》等。借小说来发抒学问，始于夏敬渠的《野叟曝言》，李汝珍的《镜花缘》，继作者很少。侠义与公案小说，有文康的《儿女英雄传评话》，亦名《金玉缘》，又名《日下新书》，亦名《正法眼藏五十三参》。石玉昆的《三侠五义》，原名《忠烈侠义传》，俞樾改名为《七侠五义》。又有《忠烈小侠五义传》及《续小五义传》，亦题石玉昆作。署名贪梦道人作的，有《彭公案》及《永庆升平全传》。其他有《施公案》《施公洞庭传》《乾隆巡幸江南记》《七剑十三侠》《七剑八侠十六义》等，名目繁多，不胜枚举。

明、清传奇小说的作者亦多。明代名著有瞿佑的《剪灯新话》。清代有蒲松龄的《聊斋志异》，袁枚的《子不语》，纪昀的《阅微草堂笔记》。三家鼎峙，一以文辞胜，一以写实胜，一以说理胜。此外尚有钮琇《觚賸》，沈起凤《谐铎》等，不下数十百种，不胜细述。

清末，新体小说兴，受翻译小说的影响，作风与前此全异。所以李涵秋的《广陵潮》，陈蝶仙的《泪珠缘》一流，竟结束了过去的时代而做了旧体小说的殿军。

【问题】

（1）何谓小说？

（2）小说的来源怎样？

（3）中国最古的小说是什么？内容若何？

（4）中国小说体裁的变迁怎样？

（5）现存的汉代小说有哪几种？

（6）六朝著名的小说有哪几种？

（7）唐人传奇可分哪几类？

（8）唐人专写艳情的传奇有哪几篇？专写豪侠的有哪几篇？专写神怪的有哪几篇？别传有哪几篇？

（9）唐人传奇与元明戏曲有何关系？

（10）"话本"是什么？

（11）现存的宋人话本有哪几种？

（12）现存的元人平话有哪几种？

（13）四大奇书为何书？作者为谁？

（14）四大奇书外著名的明人小说有哪几种？

（15）明清著名的短篇小说集有哪几种？

（16）清人的讽刺小说有哪几种名作？

（17）人情小说有哪几种名作？

（18）写妓女、优伶的小说有哪几种？

（19）发抒学问的小说有哪几种？

（20）著名的侠义与公案小说有哪几种？

（21）清代著名的传奇小说有哪几家？内容有何不同？

（22）清末小说界的情形怎样？

五、弹词

弹词一名"盲词"，亦名"淘真"。弹词和盲词尚有意义可寻，淘真则已不知本作何解。它来源于唐佛教徒用以宣扬教义的俗文和变文，像《维摩诘所说经俗文》《释迦八相成道记》等，都有白有唱，后来成为宝卷的体裁。另外，唱书的人用这种体裁来做他的唱本，成为宋代的淘真。淘真的体裁虽已无书可见，但从今存的"太祖太宗真宗帝，四帝仁宗有道君"二句，可以知道与后来的弹词并无二致。唱的人大都为男女盲者，手弹琵琶，或敲鼓，口唱古今小说、平话中故事，所以叫"盲词"，又叫"弹词"。至若董解元《西厢搊弹词》，虽体制与今弹词不同，然仅易诗句为词句而已，不能说完全不相关。淘真在宋时亦分若干科，有唱赚、小唱、弹唱因缘、唱京词等，它们的分别也已无从考明。

弹词的名称，始于《西厢搊弹词》，较今名多一"搊"字。至元人杨维祯作《四游记弹词》(《仙游》《梦游》《侠游》《冥游》)，合诗歌与纪事为一体，始成今体的弹词。明人作此者很多，读《天雨花》"弹词万本将充栋"之句可以想见。它的体裁有南北之分，北词大约与"鼓儿词"相近，南词则以七字为一句，有衬字，约可分为三种：一、有唱，无表，无白；二、有唱，无表，有白；三、有唱，有表，有白。像杨慎的《二十一史弹词》为北词，其他则十九为南词。

弹词中最见盛行的《玉蜻蜓》与《珍珠塔》，相传即为明人所作。《玉钏缘》一书，拿它的内容做考证，知它也作于明末。篇幅最长的，如《安邦志》《定国志》《凤凰山》三部连续的弹词，合之得六百七十四回，字数至少有二百万。但作者是谁，作于何时，今都不可考。清初陶贞怀作《天雨花》，一韵到底，见解高越，为一切弹词中的白眉。陈端生续《玉钏缘》作《再生缘》，以寄其别凤离鸾之思，篇幅亦长。侯芝删改《再生缘》，续作《再造天》，另作《锦上花》，可称有清唯一女子弹词专家。邱心如作《笔生花》，内容似《再生缘》，见解稍迂腐。及程蕙英作《凤双飞》，以洒脱跌宕见称；郑澹若作《梦影缘》，酸冷似不食人间烟火；周颖芳作《精忠传》，专写英雄故事。于是弹词的内容，可谓各方俱到了。这许多名作，不但字数都在近百万或百万以上（《再造天》《锦上花》除外），而且都出于女子之手，在中国文学史上，是值得特别注意的。此外书很流行而不知作者的，有《三笑姻缘》《双珠凤》《玉蜻龙》《白蛇传》《文武香球》《百花台》《双金锭》《果报录》等，不下百余种。诸书以《三笑姻缘》的文辞最为浅俗，而《果报录》的文辞最为雅艳。

弹词之外，尚有所谓鼓词与影词，为弹词的演变。鼓词又名"大鼓"，多取材小说与戏曲，如《三国志鼓词》《西游记鼓词》等；亦有创作，如《大八义》《小八义》等，但以叙武侠和历史的故事为多。影词的取材与鼓词同，以一人作数人口吻，字句长短自由，说白前有"出""上""下"等字样，大概是可以搬演的。这可说是小说、弹词、戏剧的混合物了。

【问题】

（1）何谓弹词？

（2）弹词的来源怎样？

（3）淘真的体裁怎样？

（4）弹词始于何书？

（5）南词的体制怎样？

（6）明人所作弹词有哪几种？

（7）最长的弹词为何书？

（8）著名的女性所作弹词有哪几种？

（9）鼓词的内容怎样？

（10）影词的体制怎样？

六、曲

曲一名"词余"，是散曲和戏曲的混称。散曲又分小令和套数，戏曲又分杂剧和传奇。《散曲之研究》里说："'曲'之单调名'小令'，合单调若干成套为'套数'；一套或四五套而插以'科'与'白'为'杂剧'；如此再益至四五套以上，则为'传奇'。"于此可见它们演变的轨迹。

曲的来源，可分诗歌、戏剧、音乐三方面。诗进为词，句调已长短自由；但依调填词，究嫌呆板，且尤为北方慷爽的人所不喜，故曲于长短句中，可以随意加入衬字。词专长抒情、咏物，不足以代言；曲则除散曲外专以代言，而且可以无所不言。中国戏剧由古代的歌舞，一变而为戏优，再变而为演故事兼滑稽的杂戏，三变始成为杂剧。金人仿辽大乐而制为连厢词，带唱带演，然舞、唱各有其人。至元人杂剧，始以舞者自唱。金、元入中原，所用胡乐，嘈杂缓急之间，词不能按，词曲家乃更为新体词，遂有"曲"名。曲起于北方，先有杂剧，故杂剧一名北曲。后以北曲文辞粗疏，四声缺一，为文士所不满；于是用比较文雅的辞句，解放的体裁，别创新曲，名为"传奇"，亦称"南曲"。它们的分别：北曲每折限一宫调，又限一人唱，每本限定四折，间加楔子；南曲没有一定的折数，一折也不限一宫调，而且不独可以几个角色合唱一折，并可以几个角色合唱一曲。

宋代也有所谓杂剧，乃南戏而非北曲，现都失传，仅从《武林旧事》中，可以考见它的名目有二百八十余本。金的杂剧叫院本，也都失传，名目见于《辍耕录》的，有六百九十种。这两类戏曲，都与元剧不同，无论在文辞方面，或体制方面。

杂剧的名作家，有"关、郑、马、白"，被称为"元曲四大家"。关汉卿为金末人，著有剧六十三种，今存十四种，以《窦娥冤》及《续西厢》最著名。郑光祖著剧十九种，今存四种，以《王粲登楼》及《倩女离魂》为较佳。马致远号东篱，作曲十四种，今存六种，《汉宫秋》可算他的代表作。白朴亦金末人，共著曲十五种，今存《梧桐雨》及《墙头马上》二种。与四人齐名的，尚有王实甫，作剧十四种，今只存《丽春堂》与《西厢记》。又有吴昌龄作《西游记》，长至六本，为现存元曲中最长之作。此外的著名剧家，有李寿卿、尚仲贤、武汉臣、乔吉均作剧十一种，高文秀作剧三十四种，郑廷玉作剧二十四种，石君宝、王仲文均作剧十种，杨显之作剧八种。其他作剧一至七种而成名的也很多。

传奇在元末明初已有作者，且均享有佳名。如"荆刘拜杀"及《琵琶记》五种，至今推为名作。《荆钗记》为朱权所作，共四十八出。《刘知远》一名《白兔记》，已不知作者姓名。《拜月亭》亦名《幽闺记》，相传为元施惠作，惠一作姓沈。《杀狗记》的作者为徐畛，剧材取之于萧德祥的《杀狗劝夫》杂剧。《琵琶记》为高明所作，他在南曲中的地位，和《西厢记》在北曲中一样。此后汤显祖作"玉茗堂四梦"（《紫钗记》《还魂记》《南柯梦》《邯郸梦》），间混以北曲。《还魂记》亦称《牡丹亭》，尤为少男少女所倾倒。明末有阮大铖的《春灯谜》与《燕子笺》，吴伟业的《秣陵春》，亦称名作。此外明代名曲家，有王世贞、梁辰鱼（昆腔的创始者）、郑若庸、屠隆、沈璟、陆采、梅鼎祚、汪廷讷、徐复祚等，不下百人。

北曲在明代，作者亦夥。《荆钗记》的作者朱权，作有杂剧十二种。朱有墩作有杂剧二十七种，总名《诚斋乐府》。徐渭著有《四声猿》，清人桂馥仿之作《后四声猿》。康海著有《中山狼》。王九思作剧二种。杨慎作剧三种。黄方儒作《陌花轩杂剧》六种。来集之作《秋风三叠》及其他。吴伟业作《通天台》及《临春阁》。其他尚多，真不胜枚举。

清代曲家，虽南北曲不分，但也间有佳作。清初除吴伟业外，尚有李渔的《十种曲》（《风筝误》《蜃中楼》《凰求凤》《意中缘》《比目鱼》《玉搔头》《慎鸾交》《巧团圆》《奈何天》

《怜香伴》），情文俱妙，词彩平易，且概为喜剧。稍后，有
"南洪北孔"。洪昇著有《长生殿》，孔尚任著有《桃花扇》，
都是历史剧，擅名一时。昇另有《天涯泪》《四婵娟》等剧；
尚任亦另有《小忽雷》，但均不著名。又后，蒋士铨著《红雪
楼九种曲》，以典丽婉雅胜，取材亦大抵为史实。《九种曲》
为《香祖楼》《空谷香》《桂林霜》《一片石》《第二碑》《临川
梦》《雪中人》《冬青树》及《四弦秋》。其他如黄韵珊的《倚
晴楼七种曲》，金冬心的《自度曲》，陈烺的《玉狮堂十种
曲》，舒位的《瓶笙馆修箫谱》，唐英的《古柏堂传奇》，张坚
的《玉燕堂四种曲》，均为一时佳制。

清末，在舞台上的剧本，皮黄已取昆腔（传奇的一种唱
法）的地位而代之，所以过去的种种戏曲，都仅供文人的欣
赏。余治的《庶几堂今乐》，是他创作的皮黄戏的剧本集，共
有四十种。剧台上常演的《朱砂痣》，即是此中的一种。在他
以前的皮黄戏，都是昆曲的改头换面，他是皮黄戏的唯一创
作者，而且后来也没有像他这样的专门创作的人了。他不但
空前，也成了绝后了！

【问题】

（1）曲有几种？

（2）曲的来源怎样？

（3）北曲和南曲有何分别？

（4）宋金的戏曲叫作什么？

（5）关、郑、马、白为谁？有何著作？

（6）《西厢记》和《西游记》的作者为谁？

（7）"荆刘拜杀"为何人所作？

（8）《琵琶记》的作者为谁？在南曲中的地位怎样？

（9）汤显祖的著作怎样？

（10）明代著名南曲家有哪几人？

（11）《诚斋乐府》的作者为谁？

（12）明代著名杂剧家有哪几人？有何著作？

（13）《十种曲》何人所作？

（14）"南洪北孔"因何得名？

（15）《九种曲》的作者为谁？

（16）皮黄戏的创作集有何书？何人所作？价值若何？

七、附——古文与文论

　　古文本来是一种字体的名称，后来借用为古代的文章的意义。所谓古文，可以分为两种：一为经书中的古文，一为汉、魏的古文，后者兼包括《史记》《汉书》等文章。这便是古文的起源，所谓"文必本于经史"，就是指这两种文章。

　　所谓经书，乃指《五经》《四书》。经中的《左传》，书中的《孟子》，他们的文章，影响于后代更大。其余《诗》《书》

二经，亦每为后代文家所取资。汉、魏古文，以政治论文为多，著名的有贾谊、晁错、董仲舒、匡衡、刘向诸人。史书如司马迁《史记》、班固《汉书》，都是不朽的名作。此外有蔡邕的碑志，崔骃父子的箴、铭、赞、颂，均为一时佳制。魏、晋时代，仅有曹丕的书札、陶潜的散文，可以算好古文。其他如诸葛亮《出师表》、李密《陈情表》，虽偶一为之，因为是他们性情的流露，亦称杰作。此外作家，都走上骈偶的路上去了。

倡导作古文的人，大家都知道是唐代的韩愈，所以后人称他"文起八代之衰"。其实前于他，已有陈子昂与张说，唯成绩不及。愈虽倡导作古文，但不是模仿古文，仅借重古人的文体，以示与骈文异致。和他同时的古文家还有柳宗元。到宋代的欧阳修，他自以为继韩愈的余绪，亦倡古文。三苏（洵、轼、辙）继其后，曾巩、王安石亦推助波澜，于是古文学大盛。以上八人，明人称之为"唐宋八大家"。明代前后七子，盛倡秦、汉文，才力不逮，无什么成绩。及归有光出，文宗欧、曾，遂为桐城派鼻祖。桐城人方苞步趋归氏，声势甚大，姚鼐继之，桐城派的势力乃遍天下。时有恽敬、张惠言与他们对抗，称为阳湖派。曾国藩本与桐城派无关，因为势位煊赫，故亦被引入。桐城派后裔吴汝纶的文，并非自桐城派习来，乃传自曾国藩。总之，所谓古文，至桐城派而盛，因为他们在清代几居文学正宗。亦至桐城派而衰，因为自桐城派而后，便没有能继起者了。但桐城派作文的方式和禁忌，究有可取，今附记于后：一、官名、地名应用现制。二、亲属名称，应仍《仪礼·丧服》《尔雅·丧服》之旧。三、不俗——忌用科举滥调。四、不古。五、不枝。其中"不古"一项，尤有特见。

文论始于子夏《诗序》，然仅述诗的起源，而不及其他。至曹丕的《典论·论文》，始为文论的专篇；刘勰的《文心雕龙》，始为文论的专书。同时有钟嵘的《诗品》，被称为论诗的专书。又有任昉，作《文章缘起》，比列古代文章，著明它的变迁，为中国文学史的创始者。

《文心雕龙》凡十卷，自《原道》以下二十五篇，论文章的体制；《神思》以下二十四篇，论文章的工拙，合《序志》一篇，共五十篇。相传刘勰作此书成，未为时人所重。勰颇自重其文，欲取定于沈约。约时贵盛，无由得达，乃负书献于车前。约取读，以为深得文理，常陈几案，于是有名。今本已有缺文，黄叔琳为之注。

《诗品》凡三卷，所品为古今五言诗，自汉、魏以来一百余人，论其优劣，分上、中、下三品。每品之首，各冠以序，皆妙达文理。作者钟嵘，对于诗的见解很高明，他说："吟咏情性，亦何贵于用事？'思君如流水'，既是即目；'高台多悲风'，亦惟所见；'清晨登陇首'，羌无故实；'明月照积雪'，讵出经史？观古今胜语，多非补假，皆由直寻。"所以他很反对用典和模仿的文学，他列在"上品"里的诗人，都为我们所称许的作家。他又深诋声律之病，尤攻击沈约的"八病说"。史上称他尝求沈约延誉，勿遂，以此怨约，列约诗于"中品"。这是捕风捉影之谈。因为他与沈约主张根本水火，绝无往就之理，而且他的著作，自有他传世的价值，不待沈约的延誉，我们也何尝不得拜读呢！

此外论诗论文的书虽不少，然都无创见如以上二书，所以不赘述了。

【问题】

（1）"古文"的本义是什么？

（2）何谓古文？

（3）何谓经书？他们的文章怎样？

（4）汉魏著名的古文家有哪几位？

（5）提倡古文始于何人？

（6）韩愈倡导古文的情形怎样？

（7）唐宋八大家为谁？

（8）桐城派的鼻祖为谁？

（9）桐城派势力盛于何时？

（10）阳湖派的重要人物为谁？

（11）曾国藩在清代古文家中的地位怎样？

（12）桐城派作文的方式和禁忌怎样？

（13）文论始于何书？

（14）《典论·论文》的性质怎样？

（15）《文心雕龙》的作者为谁？内容若何？

（16）《文章缘起》的作者为谁？内容若何？

（17）《诗品》的作者为谁？内容怎样？

（18）钟嵘对于诗的见解与沈约有何不同？

本书所依据的重要书籍目录

一、章炳麟：《国学概论》

二、王　易：《国学概论》

三、顾荩臣：《国学研究》

四、李继煌：《古书源流》

五、郑鹤声、郑鹤春：《中国文献学概要》

六、顾　实：《汉书艺文志讲疏》

七、纪　昀：《四库全书总目提要》

八、张之洞：《书目答问》

九、顾　实：《重订古今伪书考》

十、蔡启盛：《策学备纂》

以上为第一组

一、周予同：《群经概论》

二、皮锡瑞：《经学历史》

三、吕思勉：《经子解题》

以上为第二组

一、陈　柱:《诸子概论》

二、高维昌:《周秦诸子概论》

三、钱基博:《读〈庄子·天下篇〉疏记》

以上为第三组

一、卢绍稷:《史学概要》

二、梁启超:《中国历史研究法》

三、郑鹤声:《中国史部目录学》

以上为第四组

一、陈彬龢:《中国文学论略》

二、张世禄:《中国文艺变迁论》

三、谭正璧:《中国文学史大纲》

以上为第五组